유쾌한 소통의 법칙
67

유쾌한 소통의 법칙 67

초　판　1쇄 발행 2010년　8월 16일
초　판 13쇄 발행 2019년　2월 18일
개정판　1쇄 발행 2021년　3월 15일
개정판　5쇄 발행 2025년　1월 13일

지은이 | 김창옥
펴낸이 | 한순 이희섭
펴낸곳 | (주)도서출판 나무생각
편집 | 양미애 백모란
디자인 | 박민선
마케팅 | 이재석
출판등록 | 1999년 8월 19일 제1999-000112호
주소 | 서울특별시 마포구 월드컵로 70-4(서교동) 1F
전화 | 02)334-3339, 3308, 3361
팩스 | 02)334-3318
이메일 | book@namubook.co.kr
홈페이지 | www.namubook.co.kr
블로그 | blog.naver.com/tree3339

ISBN 979-11-6218-138-6　03190

유쾌한 소통의 법칙 67

소통 전문가 **김창옥** 지음

나무생각

소통이 안 되는 가장 큰 이유는

새의 날개를 묶어놓고 발로 뛰어가는 것이

가장 빠르다고 생각하기 때문이다.

차례

1

1분만 기다려라

소통에 있어 1분의 힘은 크다. 참을 인(忍)이 세 번이면 살인도 면한다는 옛말처럼 단 1분이면 날 서고 뾰족했던 마음도 서서히 내려앉는다.

미국의 중심가, 뉴욕의 기차는 항상 예정 시간보다 1분 늦게 출발한다. 단 1분이 늦어 30분을 기다려야 하는 사람들에 대한 배려인 것이다.

바쁜 일이 있나 보다.

힘든 일이 있나 보다.

속상한 일이 있나 보다.

30분도 아니고 10분도 아니고 딱 1분만 기다려주면 된다.
그렇게 1분이 지나고 나면 숨이 내려앉고 화가 가라앉는다.
그리고 나서 소통해도 절대 늦지 않다.

2

소 · 통 · 하 · 려 · 면

손을 놓아라

한 남자가 있다. 그는 칠흑과도 같은 어둠의 한가운데서 사력을 다해 돌부리를 붙잡고 있다. 벼랑 끝에 매달린 것이다.

"하나님, 제발 저를 살려주세요."

남자는 간절한 목소리로 하나님을 찾았다. 그 목소리가 얼마나 간절했던지 마침내 하나님이 그에게 대답을 했다.

"손을 놓아라."

"네?"

"살려거든 지금 네 손에 움켜쥐고 있는 그 돌부리를 놓으란 말이다."

"그게 무슨 말씀이세요? 농담하지 마시고 제발 줄이라도 하나 내려주세요!"

더 꽉 붙잡아도 모자랄 판에 손을 놓으라니! 남자는 자신의 귀를 의심하며 하나님께 되물었다. 하지만 하나님은 한결같이 같은 말만 반복했다. 참다못한 남자는 하늘을 향해 소리쳤다.

"거기, 하나님 말고 다른 분 없어요? 누가 나 좀 살려주세요!"

눈물까지 보이며 간절히 애원했지만 하늘에서는 더 이상 어떤 목소리도 들려오지 않았다.

'그래! 날이 밝으면 누군가 나를 구해줄 거야. 그때까지만 버텨보자.'

남자는 해가 떠오르기만을 기다리며 사력을 다해 벼랑 끝 돌부리에 매달렸다.

"조금만 더……."

마침내 동이 트고 주위가 환해졌다.

"어이, 당신! 거기서 뭐 해요?"

지나가던 등산객이 남자를 발견하곤 물었다.

"살려주세요! 나 좀 살려주세요!"

남자는 돌부리를 쥔 손에 더욱 힘을 주며 소리쳤다.

"그 손을 놓으세요!"

"네?"

"그 손을 놓으라고요!"

이상하게도 등산객은 하나님이 했던 말과 똑같은 말을 했다.

"뭐야…… 모두 나보고 죽으라는…….."

순간, 자신의 발아래를 내려다보던 남자는 너무 놀라 입을 다물지 못했다. 자신이 낭떠러지라고 생각했던 그곳, 자신의 발 30센티미터 밑에는 평지가 기다리고 있었던 것이다.

마음이 칠흑 같은 어둠이면 길이 보이지 않는다. 바로 한 치 아래에 평지가 있어도 볼 수 없다. 그래서 돌부리를 붙잡고 떨어지지 않으려 안간힘을 쓴다. 마치 그것을 놓으면 천 길 낭떠러지가 자신을 집어삼키기라도 하는 듯 두려움에 떨며 울부짖는다.

"살려주세요!"

하지만 손을 놓아본 사람들은 안다. 손을 놓아도 죽지 않는다는 것을. 그곳에 평지가 기다리고 있다는 것을.

놓고 떨어지는 것도 힘들지만, 밤새도록 매달려 있는 것도 죽을 만큼 힘든 일이다.

3

전체를 보아야 한다

여섯 살 정도로 보이는 남자아이와 아빠가 지하철에 탔다. 아이는 지하철 여기저기를 오가며 장난을 쳤고, 심지어는 좌석에 올라서서 폴짝거리며 뛰기까지 했다. 다른 승객들은 아이와 그 아빠를 번갈아 쳐다보며 혀를 끌끌 차거나 눈살을 찌푸렸다.

"참내, 자기 아이가 공공장소에서 저렇게까지 장난치는데 저 아빠는 왜 저렇게 멍하니 있대?"

"그러게, 내가 이래서 한국을 떠나려고 한다니까. 그저 자기 아이 귀한 것만 알았지, 도덕이니 질서니 뭐 이런 건 뒷전이라고."

아이의 장난이 길어질수록 사람들의 원성은 높아만 갔다.

15

하지만 아빠는 표정 하나 변하지 않고 그저 묵묵히 앉아만 있었다.

"저, 이보시오, 젊은 양반. 아이가 공공장소에서 저렇게 심하게 장난을 치면 아빠가 말려야 하는 것 아니오?"

보다 못한 한 노인이 아이 아빠에게 말했다.

"아, 죄송합니다. 정말 죄송합니다."

아빠는 연신 죄송하다는 말을 하며 고개를 조아렸다. 그러고는 말을 이었다.

"사실, 제가 지금 애 엄마를 하늘나라로 보내고 오는 길입니다……. 엄마도 없이 저 어린 것을 어떻게 키울까 걱정에 빠진 나머지 미처 아이의 행동을 살피지 못했습니다. 정말 죄송합니다……."

아빠는 서둘러 자리에서 일어나 아이의 행동을 저지했다. 아이는 제 아빠 옆에 앉는 듯싶더니 이내 자리에서 일어나 봉을 잡고 빙빙 돌며 다시 장난을 치기 시작했다. 하지만 승객 중 그누구도 아이의 행동에 대해 더 이상 혀를 차거나 눈살을 찌푸리지 않았다. 상황은 달라지지 않았지만, 상대를 이해하고 배려하기 시작하니 바라보는 시선이 달라진 것이다. 사람과 소통한다는 것은 그런 것이다. 사랑의 다른 이름은 전체 보기다.

4

소 · 통 · 하 · 려 · 면

절하라

성철 스님은 살아생전 자신을 만나러 온 사람들에게 일단 삼천배를 먼저 하고 오라고 말했다고 한다. 혹자는 이것을 두고 간절함의 깊이를 가늠하기 위한 테스트라 말한다. 간절함이 깊은 사람은 삼천배를 해내고 스님을 만날 수 있을 것이며, 그 간절함의 깊이가 얕은 사람은 도중에 포기하고 돌아갈 것이라는 짐작에서다.

그런데 스님이 그들에게 바란 것이 정말 간절함이었을까. 누더기 장삼 한 벌과 볼펜 두 자루를 남기고 입적하신 그 삶을 되돌아볼 때, 삼천배는 움켜쥐기 위해 하는 절이 아니라 버리고 놓기 위해 하는 절일 것이다.

나와 친분이 있는 한 사람도 스님을 뵙기 위해 삼천배를 했다고 한다. 그런데 어찌 된 일인지 절이 거듭될수록 자신이 쥐고 있던 염원이 옅어지더라는 것이다. 그리고 마침내 삼천배를 마치는 순간 자신도 모르게 눈물이 쏟아지더란다.

"아! 내가 쓸데없는 고민에 싸여 살았구나."

바람과 열망을 쥐고 있던 마음을 내려놓은 그 자리에서 성숙한 자신과 만난 것이다.

사실 삼천배를 하다 보면 처음 얼마간은 온갖 망상이 머릿속을 채운다. 그동안 자신을 힘들게 했던 것들, 앞으로 이루어야 할 것 등 온갖 생각이 머리를 스친다. 하지만 몸이 힘들어지면서 생각은 점점 단순해진다. 그리고 마침내 필요 없는 생각은 빠지고 가장 중요한 것 하나만 남게 된다. 바로 맑고 건강한 영혼이다.

우리는 무언가를 간절히 빌기 위해 절대자와 만난다. 교회에서 예배를 보고, 철야기도를 한다. 사찰을 찾아 백팔배를 하고, 그것으로도 부족해 삼천배를 하고, 또 탑까지 돈다. 하지만 바람과 열망이 욕심이라는 이름으로 우리를 쥐고 흔드는 한 우리는 갖고도 가진 게 아닌 것이 되며, 얻고도 얻은 게 아닌 것이 된다.

"한 달에 한 번 보약 먹는 셈치고 삼천배를 하라."

성철 스님의 말씀처럼 한 달에 한 번 자신을 되돌아보는 시간을 가져봄은 어떨까. 그것이 삼천배든, 철야기도든, 마라톤이든, 산행이든 상관없다. 그 길의 끝에서 정제된 자신과 마주할 수 있다면 그보다 더 효과 있는 보약은 없을 것이다.

5

마음의 추리닝을 입어라

나는 몇 년 전부터 소그룹 수업을 하고 있다. 목소리를 변화시키고, 원활한 소통을 희망하는 사람들이 소그룹을 이루어 함께 삶의 이야기를 나누는 만남이다. 언젠가 한 소그룹 수업을 종강하면서 그들에게 몸뻬바지를 하나씩 선물했다. 추리닝을 입은 듯 늘 편안하게 그들의 삶과 소통하기를 바라는 마음에서다.

편안한 옷차림은 몸은 물론이고 마음까지도 편안하게 하는 묘한 힘을 가지고 있다. 물론 아무리 편안해도 예의를 차려야 할 곳에서는 옷을 갖춰 입는 것이 좋다. 하지만 마음의 옷만은 자유롭고 편안해야 한다. 그래야 비로소 나를 내려놓을 수 있다.

대학에서 성악 수업을 받고 합창단 활동을 하면서부터 나는 정장 입을 일이 늘어났다. 빳빳하게 잘 다려진 옷을 입으면 나도 모르게 어깨에 힘이 들어갔다. 우쭐해지는 것이다.

하루는 빳빳하게 주름이 선 정장을 입고 교회에 나갔다. 늘 무릎 꿇고 기도하던 나는 그날따라 무릎 꿇기가 망설여졌다. 바지 주름이 구겨지고 무릎이 나올까 신경이 쓰였던 탓이다. 결국 어정쩡한 자세로 의자에 걸터앉아 기도를 했고, 당연히 그날의 기도는 엉망이 되고 말았다. 모든 것을 내려놓고 가장 겸허해야 할 그곳에서 나는 바지 주름 하나 내려놓지도 못한 꼴이 된 것이다.

우리의 마음에도 이렇게 주름 잘 잡힌 옷이 있다. 누군가에게 잘 보이고 싶은 마음이 강할수록 그 주름은 더욱 빳빳해진다. 학력, 지위, 명예 등 자신을 잘나 보이게 하는 것들로 줄을 세우고 그들 앞에서 뽐내고 싶어 한다. 하지만 이렇게 잘 다려진 마음의 정장으로는 소통하기가 어렵다.

화려하고 잘난 꽃잎이 떨어져야 비로소 열매가 맺히고, 자연과 소통하고 세상과 소통한다. 잘난 척 뽐내는 정장을 고집하는 한 상대도 결코 빳빳한 주름을 내려놓지 않는다. 결국 둘은 영원히 만나지 못하는 평행선을 달린다. 마치 정장 바지의 잘 잡힌 주름처럼 말이다.

하지만 마음의 추리닝을 입고 상대방과 진심으로 소통하기를 원한다면 상대방도 얼른 추리닝으로 바꿔 입는다. 구김이 가고, 때가 타고, 무릎이 나와도 그 어느 때보다 진솔하고 따뜻한 말을 나누고 웃음을 나눈다. 마음의 추리닝을 입었기 때문이다.

6

딥클렌징을 하라

모 든 인간은 과대망상증 아니면 열등감에 시달리고 있다. 둘 다 자신과 주위 사람들에게 부자연스러운 모습이다.

화장은 하는 것보다 지우는 것이 더 중요하다. 그것도 아주 잘 지워야 뒤탈이 없다. 방송 출연을 하면서부터 메이크업 하는 일이 잦아진 나는 가끔 화장을 지우지 않은 채로 잠들곤 한다. 그럴 때면 어김없이 피부 트러블이 생긴다. 지우지 않은 메이크업 잔여물들이 모공을 막아 원래의 피부를 상하게 하는 것이다.

소통도 이와 다르지 않다. 원활한 소통을 위해서는 말끔히 지워내야 할 두 가지가 있다. 그중 하나가 바로 '영광'이다.

23

"나 ○○대학 나온 여자야!", "나 ○○하는 사람이야!", "우리 아버지가 누군지 알아?"

살다 보면 종종 이런 스타일의 사람과 마주치게 된다. 그들은 자신을 빛낼 수 있을 것이라 믿는 수식어들로 상대의 기선을 제압하고 분위기를 압도하려 한다. 그러나 이러한 수식어들은 상대에게 거부감을 주고 서로의 벽을 만들 뿐이다.

소통을 잘하기 위해 지워야 할 다른 하나는 '상처', 즉 열등감이다. 상처를 말끔히 지워내지 못한 사람은 자신은 물론 상대조차도 올바로 바라보기 힘들다. 모든 더듬이가 자신의 열등함에 가 있기 때문이다. 그들은 열등감을 감추기 위해 최대한 움츠리거나, 자주 과장된 감정 표현을 하게 된다.

이렇게 우리를 힘주게 하는 영광, 우리를 주눅 들게 하는 열등감의 때를 잘 씻어낸 깨끗한 피부에, 자연스런 베이스와 색조를 입히면 삶의 아름다운 얼굴이 된다. 그리고 사람들은 그 얼굴에 매료될 것이다. 메이크업의 기본은 바로 딥클렌징이다.

7

소유하지 말고 함께 어울려라

가진 것이라곤 허리춤에 두른 가리개 하나가 전부인 다섯 남자가 모든 것을 다 가진 사람들에게 말한다.

"당신들이 행복했으면 좋겠습니다. 우리들처럼."

내셔널지오그래픽에서 문명을 한 번도 접해보지 않은 원주민의 영국 홈스테이를 방송한 적이 있다. 남태평양 섬나라 원주민 다섯 명이 영국의 다양한 사람들과 만나 그들의 생활을 체험해보는 방송이었다. 멋진 문명의 옷으로 갈아입은 다섯 남자는 생전 처음으로 영국 맥주도 마셔보고 나이트클럽도 가본다. 그리고 상류층의 호화로운 생활도 체험해본다. 하지만 하루하루 지날수록 그들은 고개를 갸웃한다. 문명을 누리는 사람들은 더 많은 돼지를 얻기 위해 돼지를 인공적으로 교미하고, 값비싼 접시를 닦느라 많은 시간을 허비한다. 그들이 농장 주인에게 묻는다.

"그러면 도대체 돼지들은 어디서 즐거움을 얻죠?"

"우리는 그런 것 모릅니다."

넓은 농장, 많은 소와 돼지를 가지고도 오로지 숫자 늘리기에 급급한 농장 주인을 보며 그들은 마뜩잖은 표정을 지으며 돌아선다. 그리고 다시 접시를 닦느라 분주한 부인에게 묻는다.

"왜 그렇게 오래 접시를 닦나요?"

"고급 접시라서요."

"그렇게 접시를 닦느라 시간을 허비하면 가족들과 대화는 언제 나누죠?"

"비싼 접시는 설거지하는 데 시간이 많이 걸려요."

대화를 마치고 돌아서며 다섯 남자는 말한다.

"저 영국 여자는 접시가 너무 많은 것 같다."

바나나 잎에 음식을 싸서 먹고, 먹고 나면 그 잎을 휙 던져버리고는 얼른 나무 그늘 아래로 가 가족, 이웃들과 함께 대화를 나누는 그들로서는 도저히 이해 못할 일이었다. 그들은 문명을 떠나 다시 자신의 섬으로 돌아가던 날, 영국인들에게 마지막 인사의 말을 전한다.

"우리는 행복을 전하러 영국에 왔습니다. 여러분 행복하십시오. 여러분이 돼지를 어떻게 키우든, 접시가 많든 적든, 당신들이 행복하면 좋겠습니다. 우리들처럼."

순간, 원주민 다섯 남자의 얼굴에 흐르는 환한 미소가 화면을 가득 채운다.

어쩌면 그들이 소원하기 이전에 우리는 이미 행복한지도 모른다. 바나나 잎 한두 장이면 끝나는 그들에 비해 우리는 너무 많은 것을 가졌다. 그러나 그것을 관리하느라 행복을 느낄 시간이 없는 것은 아닌가. 행복을 느끼지 못하는 사람은 환한 미소를 가질 수 없다.

8

메탄가스를 에너지로 써라

나는 종종 먼 지방 일정까지 포함해서 하루에 세 개의 강의를 소화하기도 한다. 그러한 나를 보고 사람들은 어디서 그 에너지가 나오느냐고 묻곤 한다.

내 에너지의 근원은 첫째, 내 길에 대한 소명 의식이다. 두 번째는 이 일을 좋아하는 것이다.

그리고 세 번째는 아버지와 가족에 대한 결핍이다.

어린 시절의 나는 집이나 가족들에게서 포근함을 느껴본 적이 거의 없다. 안에서 포근함을 얻을 수 없으니 자꾸 밖에서 포근함을 얻고자 했던 것이다. 이것은 내 영원한 숙제인 아버지 덕분이기도 하다.

내게 아버지는 존재하지만 존재하지 않는, 늘 목이 타는 목

28

마름 그 자체다. 물론 이것은 무의식 세계의 목마름이며, 이런 목마름과 결핍조차 때에 따라선 강한 에너지가 되어 나를 살게 한다.

세상의 모든 것은 에너지다. 석유가 점점 줄어들고 있지만 바람, 핵, 수소 등 다양한 에너지들이 등장하고 있다. 심지어 메탄가스가 연료로 쓰이기도 한다. 제주도 고향집에는 아직도 재래식 변소(재래식 변소 위에 양변기만 얹어놓았다.)를 쓰고 있는데, 이렇게 똥도 오래 묵혀두면 메탄가스가 나와 하나의 소중한 에너지가 된다. 영화 〈마파도〉에서는 변소에서 담배를 피우다가 화장실이 날아가지 않았나. 똥통에 빠지면 다른 이유가 아니라, 가스에 질식되어 죽기도 한다.

똥에서 나온 메탄가스가 에너지가 될 수 있듯, 아버지에 대한 결핍 역시 내 삶의 메탄가스가 되어 에너지를 준다. 이처럼 인생의 상처나 결핍들은 때때로 우리를 더욱 열심히 살게 한다. 그래서 이혼을 한 것도 메탄가스, 궁핍한 것도 메탄가스, 다른 사람들보다 능력이 부족한 것도 메탄가스다. 목마르기 때문에 갈증을 해소하려고 하고, 배가 고프기 때문에 그걸 해결하려 힘을 쓴다. 삶에서 일어나는 모든 것이 우리가 살아가는 에너지가 된다.

상처와 결핍을 인정하고 받아들이면, 그것은 내 삶을 살찌우고 발전시키는 좋은 에너지가 된다. 하지만 이것을 부정하고 힘들어하면, 그 위에 무언가로 덮어버리는 꼴이 된다. 이렇게 자꾸 덮다 보면, 어느 날 작은 불씨에도 '펑!' 하고 터져버리는 일이 발생한다. 좋은 에너지가 될 수 있었던 메탄가스가 자신을 상처 내고 무너뜨리는 데에 쓰인 것이다.

내 삶의 결핍은 무언인가? 내 삶의 메탄가스는 무엇인가? 우리는 그것을 에너지로 잘 사용하고 있는가, 아니면 계속 무언가로 덮어버리다가 결국엔 더 지독한 가스를 만들어내 주변 사람들을 질식시켜버리고 있지는 않은가.

9

막힌 곳을 뚫어라

사람에 따라 외모가 훌륭할 수도 있고, 상대적으로 부족하게 느껴질 수도 있다. 돈이 아주 많을 수도 있고, 없을 수도 있다. 사람은 저마다 여러 가지 외형적 차이가 있다. 그것은 마치 자동차의 종류가 다른 것과 같다.

내가 타는 차가 1억 원이 넘는 아주 최고급 차일 수도 있고, 그저 그런 평범한 차일 수도 있다. 하지만 꽉 막힌 도로에서는 그것이 비싼 차든 평범한 차든 아무 의미가 없다. 비싼 차라고 해서 쌩쌩 달릴 수 있도록 누군가가 길을 양보해주지는 않으니 말이다. 나와 내가 막히고, 나와 상대가 막히고, 나와 내 소명이 막힌다면 이는 꽉 막힌 도로에서 1억 원짜리 차를 타고 있는 것과 무엇이 다르겠는가.

10

마블링을 즐겨라

프랑스의 유명한 명상 공동체 플럼 빌리지(Plum village) 에는 '루즈 데이'라고 해서, 아무런 프로그램이 없는 날이 있다. 함께 모여 수행하는 것을 중요하게 여기는 그곳에서도 각자가 하고 싶은 것을 자유롭게 할 수 있는 시간을 주는 것이다. 그것도 하루 종일.

방에서 뒹굴고 싶은 사람은 뒹굴고, 게임을 하고 싶은 사람은 게임을 하고, 산책을 하고 싶은 사람은 산책을 하면 된다. 호흡과 명상을 하러 온 세계 각국의 사람들이 이날만큼은 꽉 짜인 프로그램에서 벗어나 자유롭게 삶의 마블링을 즐긴다.

좋은 고기는 고기와 비계의 조화, 즉 마블링이 아름답다. 그래야 육질이 부드럽고 맛도 일품이다. 삶에도 이처럼 마블링이 필요하다.

내가 아는 한 50대 주부는 주말마다 꽃을 한 아름씩 산다. 남편은 먹지도 입지도 못할 꽃을 왜 그렇게 사느냐며 타박을 하지만, 그럼에도 그녀는 꽃 사기를 멈추지 않는다. 눈이 행복하고 마음이 행복하기 때문이다.

인간은 자신을 대하는 방식으로 다른 사람을 대한다고 한다. 자신에게 여유를 줄 수 없는 사람은 타인에게도 여유를 줄 수 없다. 그러면 살코기만 입 안 가득 넣어 문 것처럼 삶이 팍팍해진다. 적절한 루즈 데이, 마블링은 삶을 윤기 나게 한다.

11

가까이 있는 꽃을 느껴라

단기 아프리카 봉사 활동을 간 적이 있는데, 마음과는 달리 그곳의 아이들을 보고 선뜻 안아주거나 예뻐해 주지를 못했다. 하지만 함께 갔던 다른 분들은 진심으로 아이들을 귀여워하고 예뻐했다.

내 안의 아이를 예뻐하는 마음이 있어야, 실제로도 아이들을 보고 예뻐할 수 있는 것이다. 내 안에 꽃이 있어야 꽃이 아름답게 보이는 것처럼 말이다. 돌이켜보건대, 그때의 나는 불확실한 미래에 대한 걱정으로 조카들조차도 안아줄 마음의 여유가 없었다.

내가 스스로를 꽃이라 여기면 나는 꽃이 되고, 내 안에 꽃이 핀다. 사랑하거나 연애를 하면 갑자기 얼굴이 환해지고 예뻐

지는 이유도 그 때문이다. 내 안에 사랑이 있으면, 다른 사람들을 볼 때 사랑의 눈으로 바라보게 되고 자연스레 인상도 좋아진다. 그래서 사람은 서로 사랑하며 살아야 하고, 꽃과 같이 아름다운 것을 늘 가까이해야 한다.

예전에 소그룹 수업을 할 때, 치과 의사 부부가 수업에 참여했던 적이 있다. 나는 그 부부에게 꽃을 보라는 숙제를 내주었다. 부부는 숙제를 하기 위해 주말을 이용해 윤중로를 찾았고, 때마침 벚꽃을 보러 온 사람들로 붐벼 윤중로는 꽃 반, 사람 반이더란다.

아이를 유모차에 태우고 나갔던 부부는 북적이는 사람들 틈에서 유모차를 이리저리 밀고 다니느라 식은땀이 줄줄 흘렀다. 큰아이는 그날따라 유난히 아이스크림을 사달라며 떼를 썼고, 아이스크림을 사줬더니 그마저도 아빠 바지에 다 묻혀버리고 말았다. 반이 뚝 떨어져나간 아이스크림을 내려다보며 아이는 또 울고…….

마음에 꽃을 담기 위해 나섰던 부부의 기분은 그야말로 엉망이 되어버렸다. 겨우 앉을 자리를 찾은 부부가 "우리가 여기 왜 와서 이 고생을 하냐?"며 한숨을 내쉬고 있을 때, 저만치 건너편의 한 여자가 갑자기 벚나무를 발로 확 차더니 꽃잎이 후두둑 떨어지자 두 팔을 벌린 채 빙빙 도는 것이 아닌가. 픽 하고 헛웃음이 나오려는데, 여자의 애인처럼 보이는 한 남자가 그 모습을 사진에 담으며 예뻐 죽겠다는 표정을 짓고 있더란다.

그날 저녁에 부부는 아이들을 재워두고 아파트 마당에 나와 맥주를 한잔하는데, 그곳에 핀 벚꽃이 그렇게 예뻐 보일 수가 없었다고 한다. 둘이 손을 꼭 잡고는 그 길을 걸으니 아주 운치가 있었다고 한다.

내 집 앞에 있는 꽃을 보지 못하면, 윤중로의 꽃도 보기 어려운 법이다. 부부는 그날, 행복은 예상하지 못할 정도로 가까운 곳에 있음을 깨달았다고 한다. 아파트 안의 벚꽃도 멀리 윤중로의 그것만큼이나 충분히 아름답고 곱다는 것을 말이다.

12

"땅"을 외쳐라

우리는 누구나 과거의 상처를 안고 산다. 돌이켜보면 내겐 아버지라는 존재가 내 모든 아픔과 상처, 분노의 근원으로 존재했던 것 같다. 공사장에서 막노동을 했던 아버지는 돈이 생기면 어김없이 며칠간 집을 비웠다. 물론 그 돈을 한 푼도 남기지 않고 모두 갖고서 말이다. 빨간 화투짝에 그려진 동양화에 심취했던 아버지는 그 돈을 모두 사회에 환원하고서야 비로소 집으로 돌아왔다.

어린 시절 나는 큰 눈만큼이나 겁도 많았다. 아버지가 돌아와 한바탕 전쟁이 치러질라치면 얼른 자리를 피했다. 최대한 멀리, 아버지가 보이지 않는 곳으로, 어머니의 욕설이 들리지 않는 곳으로 피해야 했다. 하지만 어린 내가 갈 수 있는 곳이 그리 많지 않았다. 나는 동네 공사장에 쭈그리고 앉아 얼른 밤이 되기를 기다렸다. 밤이 되면 아버지도 주무실 테고, 그러면 어머니가 계신 집으로 돌아갈 수 있다.

차가운 합판에 몸을 뉘고 깜깜한 어둠에 떨며 잠든 나를 깨우는 것은 언제나 막내 누나였다. 그 이름 김미자.

"괜찮니? 많이 무서웠지?"

부드럽고 따뜻한 누나의 목소리는 차갑게 얼어 있던 나의 몸과 마음에 "땡!"을 외쳐주는 듯했다. 하지만 현실은 나의 바람이나 꿈과는 전혀 상관없는 곳으로 흐른다. 나를 흔들어 깨우는 누나의 손길은 거칠었으며, 그 목소리 또한 누나의 한쪽 눈두덩만큼이나 서슬이 퍼렇다.

"야! 이 새끼야, 네가 도망치면 어떡하냐? 엄마를 지켜야지! 이 못난 겁쟁이 새끼!"

누나는 엄마를 지킨 훈장이라도 되는 양 시퍼런 눈두덩을 내밀며 나를 잡아끌었다. 나는 주뼛주뼛 누나를 따라나서며 낮게 속삭였다.

"너무 무서워서 그랬어."

내가 고3이 될 때까지 아버지와 어머니는 매번 같은 전쟁을 되풀이했다. 그리고 그때마다 나는 도망쳤다. 이후로 나는 마주하기 싫은 상황이 되면 언제나 도망부터 쳤다. 첫사랑에 실패하고, 두 번째, 세 번째 사랑을 하는 동안에도 나는 매번 그녀들에게서 먼저 도망을 쳤다. 사랑은 그렇게 토닥거리며 서로를 맞춰가는 과정이란 것도 모른 채 불편한 상황이 되면 서둘러 숨기부터 한 것이다.

꽤 오랜 시간이 흐른 후 나는 내 속의 그 아이를 다시 만났다. 아버지에 대한 분노와 두려움, 어머니에 대한 죄책감을 가슴에 안고서 얼음이 되어 있던 내 속의 어린아이에게 나는 "괜찮니? 많이 무서웠지?"라며 꼬옥 안아주었다.

놀이는 끝났다. 아직도 얼음인 채로 갇혀 있는 아이가 있다면 이제는 그만 "땡!"을 외쳐주자. 있었던 일을 없던 일로 만들기는 힘들지만 과거의 그때로 돌아가 "괜찮아, 그건 네 잘못이 아니란다."라고 말하며 자기 속의 아이를 안아주어야 한다. 품에 포근히 녹아든 그 아이는 우리가 자유롭게 세상과 소통할 수 있도록 더 따뜻하게 우리를 안아줄 것이다.

13

바나나 알맹이를 먹어라

내가 초등학교 때, 공사장에서 일하던 아버지가 건물 높은 곳에서 떨어지는 사건이 있었다. 병실을 찾은 나는 아버지의 부러진 다리가 아닌 노랗고 탐스런 바나나에 눈길을 먼저 빼앗기고 말았다.

당시는 바나나가 무척이나 귀하고 비싼 과일이었다. 그래서 인지 그때의 바나나 맛은 거의 꿀맛에 가까웠다. 나는 줄어드는 바나나를 내려다보며 아버지가 자주 입원을 해서 그것들을 또 먹을 수 있으면 좋겠다는 철없는 생각을 했다.

어른이 된 지금, 바나나에서 그때의 꿀맛은 더 이상 느낄 수 없다. 천 원짜리 몇 장이면 한 아름 안겨오는 값싼 과일이 되어버린 바나나에서 더 이상 고급스러움은 없기 때문이다.

언젠가 한 코미디 쇼에서 주인공이 바나나 껍질을 벗기더니, 알맹이는 휙 던져버리고 껍질을 우걱우걱 씹어 먹는 장면을 본 적이 있다. 코미디라기엔 메시지가 너무 커 나는 시선을 집중했다. 우리 삶에도 이런 일이 생긴다. 삶의 맛과 양분의 본질인 알맹이를 버리고, 수단에 불과한 껍질을 취하는 것이다.

"애야, 이번 주말에 집에 한번 들르면 안 되겠니?"

"바빠요."

"여보, 오늘 우리 결혼기념일인데 일찍 들어올 거죠?"

"바빠."

소통하기를 원하는 그들의 간절한 바람에 비해 우리의 대답은 짧고 간결하다. 최고는 아니더라도, 적어도 남들만큼은 성공해야 하고, 남들만큼은 벌어야 한다. 그래서 늘 바쁘고 초조하다.

물론 우리가 어느 지역에 사는지, 집이 몇 평이나 되는지, 무슨 차를 타는지, 월급이 얼마나 되는지 등은 삶에 있어 꽤 중요한 것일 수도 있다. 껍질 없는 바나나는 상상할 수조차 없는 것처럼 말이다. 하지만 아무리 먹음직스러워 보여도 그것은 언젠가 버려야 할 껍질에 불과하다.

지금 손에 잔뜩 쥐고 있는 것이 바나나 껍질이라면 이제는 그것들을 슬며시 내려놓아 보자. 그리고 그 손에, 우리를 간절히 기다리고 있을 사랑하는 가족, 무엇보다 소중한 건강, 우리의 꿈 등 진정한 알맹이를 담는다면 분명 바나나에선 세상에서 가장 진하고 향기로운 꿀맛이 날 테니 말이다.

우리는 지금 마치 홈쇼핑의 격앙된 목소리처럼 없어도 되는 것들에 대해 목숨을 걸고 있는지도 모른다.

14

브레이크를 잡아라

"**똑**똑하고 잘사는 사람들을 속이려면 어떻게 하죠?"

조카 마귀가 삼촌 마귀에게 물었다.

"열심히 살라고 말해줘."

삼촌 마귀가 대답했다.

"네?"

조카 마귀는 의아한 듯 고개를 갸웃한다.

"그들은 너무 똑똑하기 때문에 적당히 즐기며 살라거나 하는 말은 통하지 않아. 대신 그들은 목표를 정해주고, 그것을 향해 쉬지 말고 달리라고 말해주면 돼."

조카 마귀는 그제야 고개를 끄덕인다. 쉬지 않고 내달리는 삶의 끝에 무엇이 있는지 그는 너무나 잘 알고 있기 때문이다.

43

《스크루테이프의 편지》에 나오는 한 장면이다.

지방 강의가 있는 날엔 나도 모르게 가속 페달에 힘이 들어간다. 마음이 조급한 것이다. 그럴 땐 앞차 외엔 아무것도 볼 수가 없다. 연분홍으로 수놓은 봄꽃도, 형형색색의 단풍조차도 눈에 담기가 힘들다. 삶의 빠른 속도에 익숙해지다 보니 자연의 색이 잘 보이지 않는 것이다.

고속도로에서 브레이크를 밟아 속도를 늦추기까지 1년 반이나 걸렸다. 어느 날 일단 브레이크를 밟고 나니 익어가는 감이 보이고, 빨간 사과가 눈에 들어오기 시작했다. 세상엔 앞차 외에도 너무나 많은 것이 있다는 것을 깨닫게 되었다.

내가 아는 사람 중에 제대로 된 엘리트 코스를 달리던 사람이 있다. 고등학교 시절 집안이 가난하단 이유로 등수가 뒤바뀌는 부당한 일을 겪은 후, 그는 지금껏 자신 앞에 누가 있는 것을 허락하지 못했다. "더 높이, 더 멀리, 더 빠르게!"라는 구호 아래 열심히 가속 페달을 밟아왔다. 하지만 지금 그는 숨을 고르고, 느리게 가는 삶을 배우고 있는 중이다. 브레이크의 참맛을 안 것이다.

평화를 사랑하는 '살아 있는 부처'라 불리는 틱낫한 스님은 글솜씨가 워낙 뛰어나서 여러 권의 산문집과 시집을 집필했다. 그런데 스님의 취미는 의외로 상추 가꾸기란다.

어느 날, 스님을 찾아온 미국의 한 석학이 상추를 가꾸고 있는 스님에게 말했다.

"스님은 상추 기르기에 신경 쓰지 마시고 시만 쓰십시오. 상추는 누구나 기를 수 있지만 시는 아무나 쓸 수 있는 게 아니지 않습니까."

시를 써도 모자랄 판에 상추를 가꾸며 시간을 버리고 있는 스님이 안타까웠던 것이다. 스님이 화답했다.

"나는 상추를 가꾸지 않으면 글을 쓸 수가 없습니다."

틱낫한 스님에게 있어 시가 가속 페달이라면 상추는 브레이크인 셈이다.

자신이 꿈꾸던 최종 목적지에 도달해야만 자신이 살아 있음을 느끼는 사람들이 종종 있다. 하지만 목적지에 가기 위해 가속 페달만 밟다 보면 그 과정에서의 모든 것은 저당 잡히고 만다. 그리고 불행히도 그런 사람들은 자신이 바라던 목적지에 도달하기도 힘들다. 도착하기 전에 지치거나, 도착했으나 행복하지 않은 경우가 많다.

목적지가 아무리 멀리 있어도, 헝그리 정신으로 내달리는 데는 분명 한계가 있다. 그 순간 필요한 것이 삶의 브레이크다. 브레이크의 참맛을 알고 나면 차에 올라타는 그 순간부터 이미 삶의 소풍이 시작되었음을 알 수 있다. 달력 없이도 계절의 오고 가는 것이 느껴지고, 늘 쫓기고 조급했던 마음을 버리고 달리는 길 위에서도 평온함을 유지할 수 있다. 그래서 때로는 삶에서 가속 페달보다 브레이크가 더 필요한 것이다.

15

놀라운 선물을 발견하라

세상에서 가장 큰 소리는 무엇일까? 바로, 지구가 돌아가는 소리라 한다. 하지만 우리는 지구가 돌아가는 소리를 들어본 적이 없다. 우리의 귀는 너무 작은 소리도 못 듣지만, 너무 큰 소리도 못 듣기 때문이다. 그래서 우리는 귀가 들을 수 있는 것만 듣는다. 그리고 그것이 소리의 모든 것인 줄 안다.

어쩌면 우리의 마음도 우리의 귀와 같을지 모른다. 너무 작은 것, 그리고 너무 큰 것에는 감사할 줄 모르니 말이다. 지금 이 순간 지구가 돌아가는 것, 우리의 몸과 마음이 건강하고, 눈을 뜨면 내일 또다시 해야 할 일이 있는 것에 감사하는 사람이 얼마나 될까. 그것이 얼마나 크게 감사해야 할 일인지 우리는 그것들을 잃고 나서야 겨우 깨닫곤 한다.

절에서 주지 스님과 식사를 할 때였다. 스님은 수저를 들기 전에 두 손을 가지런히 모으고 감사의 기도를 했다.

"지금 여기 식탁에 차려진 나물 안에는 저 멀리에서 온 태양의 빛과 땅의 기운과 농부의 수고한 노력과 이것을 유통해 준 사람들의 애씀과 그리고 주방에서 이 음식을 먹을 수 있도록 수고해 주신 분들의 정성이 들어가 있습니다. 이 놀라운 선물을 먹고 마실 때마다 늘 깨어 있는 마음으로 살아갈 수 있도록 도와주시옵소서."

그러고는 슬며시 나를 보더니, "아멘"이라고 말했다. 기독교인인 나를 배려한 스님의 센스다. 그런데 '아멘'보다도 더 내 마음을 울렸던 것이 있다. 소박한 밥상을 앞에 둔 스님의 기도 구절이다. 그것은 아름답고 시적이기도 했지만 정확한 사실이기도 했다. 나물 한 가지에도 수많은 '감사함'이 있고, 또한 그것들은 분명 '놀라운 선물'이었다.

사실 나물은 감사함을 담기에는 다소 소박한 음식이다. 너무나 익숙해 별스럽지 않게 여기기 때문이다. 하지만 나물이 우리의 식탁에 오르기까지 태양과 물, 바람과 흙, 그리고 인간의 수고가 얼마나 배어 있는지 안다면 경이로울 정도의 감사함이 올라온다. 스님의 말씀처럼 '놀라운 선물'인 것이다. 그런데 우리 중 몇이나 그것이 놀라운 선물인 줄 알고 있을까.

오늘도 우리는 잘나가는 다른 사람들을 보며 "왜 세상은 이리도 불공평한 것인가!", "신은 왜 나만 미워하시지!"라며 원망 섞인 울분을 토해냈을지도 모른다. 하지만 세상은 공평하고 신은 그들을 예뻐하시듯 우리도 충분히 예뻐하신다. 우리를 위해 지구가 돌아가고, 우리를 위해 태양이 빛나고, 우리를 위해 모든 사람들이 수고를 아끼지 않고 채소를 가꾼다. 그것들이 얼마나 놀라운 선물인지를 아는 것은 그리 어렵지 않다. 그것들이 부재한 우리의 삶을 떠올려보면 된다.

눈을 뜨면 지구가 돌고 있다는 것, 이것은 선물이다. 우리를 위한 이 놀라운 선물에 그저 감사하면 된다. 잘 보이지 않거나 잘 들리지 않는 그것을 찾아 온전히 당신 것으로 만들라.

16

힘을 빼라

토크쇼나 버라이어티 프로그램을 보다 보면 출연자들끼리 힘겨루기 하는 것이 종종 눈에 들어온다. 프로그램에 함께 출연한 누군가가 멘트를 날리면 그것을 묻을 수 있는 더 강한 멘트를 궁리하는 것이다. 소위 말하는 '대싸움'이다. 이는 상대를 밟고 내가 살아남는 일거양득의 효과를 거두게 해준다.

그래서인지 가끔은 이런 대싸움에 프로그램의 진행자까지 합세한다. 매끄럽고 편안한 진행으로 소통을 이끌어야 할 사람이 튀는 멘트를 날리며 출연자의 말을 죽이기에 바쁘다. 개인적인 욕심이 앞선 나머지 힘을 빼야 할 곳에서 힘을 주게 되는 것이다. 하지만 MC계에서 인정받고 장수하는 이들을 보라.

그들은 언제 말을 해야 할지를 알듯, 언제 침묵해야 할지도 안다. 부드러움이야말로 가장 강하다는 것을 아는 것이다.

엘리자베스 퀴블러 로스의 《인생 수업》을 보면 어느 40대 여성의 자동차 사고에 대한 경험담이 나온다. 그녀가 친구들과의 약속 장소로 가기 위해 고속도로를 달리던 중 갑자기 앞차들이 정차하게 되었다. 당연히 그녀도 멈춰 섰다. 그런데 백미러를 보니 뒤를 따라오던 차 한 대가 전혀 멈출 기미를 보이지 않았다. 한눈을 판 운전자가 앞차들이 정차한 것도 모르고 전속력으로 달려오는 것이었다.

순간 긴장했지만, 잠시 후 그녀는 운전대에서 손을 놓고 몸에서 힘을 뺐다. 아주 짧은 순간이었지만 그녀는 일생 동안 무언가를 강하게 움켜쥐며 살았던 자신의 모습을 되돌아보게 되었고, 죽음의 순간만큼은 평온하게 모든 것을 내려놓고 싶었던 것이다. 그리고 몇 초 후 뒤차는 예상대로 그녀의 차와 강하게 충돌했고, 그녀는 의식을 잃었다.

그런데 기적이 일어났다. 종잇장처럼 구겨진 차 안에서 그녀는 손가락 하나 다치지 않고 멀쩡하게 살아난 것이다. 경찰은 그녀가 사고 순간 온몸의 힘을 뺀 것이 기적을 일으킨 것이라고 말했다. 하지만 모두가 기적이라 말하는 이것은 너무나 당연한, 그러나 대부분의 사람들이 모르는 삶의 원리 중 하나다. 에너지와 에너지가 충돌하면 결국 휘거나 부러져버리는 것 외에 달리 방법이 없다. 따라서 강한 에너지에 맞서려면 내 안의 에너지를 내려놓으면 된다.

17

마음의 운동을 하라

나는 해병대에 지원해서 갔지만, 군 생활은 정말 힘들었다. 상황에 상관없이 욕설을 들어야 했고, 구타와 체벌도 있었다. 무엇보다 억압된 생활이 제일 힘들었다. 그래도 그 시간을 견딜 수 있었던 것은 일요일마다 해병대 안에 있는 교회에 가는 것이었다. 교회에서는 가끔씩 소책자를 나누어주었는데, 그 책 속에서 여러 가지 마음의 위안을 얻었다. 그런 위안과 평화의 시간이 없었다면 힘든 군 생활을 버틸 수 없었을 것이다.

그후 나는 마음이 억압된 사람들이나 제한된 공간에서 자유가 없는 사람들을 위해 일하고 싶다는 생각을 하게 되었다. 마침 얼마 전 서울 근교에 있는 교도소에서 강의 의뢰가 들어왔다. 연락을 준 여성 교도관은 직원들의 교육과 재소자들의 재활에 관심이 많은 열정적인 분이었는데, 방송을 통해 나를 알게 되어 강의 요청을 해온 것이다.

드디어 원하던 강의를 할 수 있게 되었다는 설렘과 재소자들을 만나야 한다는 두려움을 갖고 교도소에 도착한 나는 자리에 앉아 있는 재소자들을 보고 깜짝 놀라고 말았다. 나의 예상과는 달리 그들은 대부분 잘생기고, 몸도 좋았다. 여름이라 반팔을 입고 있었는데, 떡 벌어진 어깨가 단단해 보였다. 몸 좋고, 잘생긴 건 이해하겠는데 놀라운 건 인상이 좋은 사람들도 많다는 것이다. 10년 동안 강의를 해오면서 60만 명 정도의 사람들을 만나왔고, 그래서 인상을 보면 그들이 어떤 사람인지 조금은 짐작할 수 있다고 자부했는데 이번에는 감을 잡기가 어려웠다.

그리고 또 한 번 놀란 것은 강의장에 함께 들어온 교도관들이었다. 일단 그들은 몸이 안 좋았다. 제복 아래로 드러난 어깨는 빈약했고 몸도 호리호리했다. 결정적으로 그들은 모두 피곤하고 지쳐 보였다. 강의를 의뢰한 여자 교도관과 한 남자 교도관만 빼놓고는, 오고 가면서 본 교도관들의 모습은 대동소이했다.

두 시간의 강의를 마치고 나가려는데, 한 재소자가 다가오더니 "강의 잘 들었습니다" 하며 인사를 했다. 얼굴을 보니 그의 표정이나 인상은 거의 성직자 수준이었다. 나는 교도소에 있는 사람들이라면 인상도 험상궂고, 몸에는 용이나 호랑이 한두 마리쯤은 그려져 있을 줄 알았는데 전혀 그렇지 않았다. 그래서 강의를 의뢰한 여자 교도관에게 나의 느낌을 말했다.

"요즘은 교정 시설이 참 좋아졌습니다. 하루 세 끼 1식 4찬이 나오고, 규칙적인 운동을 하게 됩니다. 그리고 자신이 원하면 원어민 강사에게 영어를 배울 수 있고, 통신대학교에서 학점도 딸 수도 있습니다. 또 교도소 내에 있는 운동 시설은 바깥의 웬만한 곳보다 더 잘 갖추어져 있습니다. 특히 마약 사범의 경우에는 많은 시간을 헬스장에서 보내니 자연히 몸이 좋아지겠지요. 그리고 오늘 강의는 강제적인 것이 아닙니다. 그러니 강의장을 찾은 재소자들은 특히 갱생의 의지가 있는 사람들이라고 할 수 있습니다."

정기적인 식사, 규칙적인 운동, 갱생의 의지가 그들을 몸짱, 얼짱, 인상짱으로 만든 것이었다. 그렇다면 내가 본 대부분의 교도관들은 왜 활기가 없어 보였을까? 3교대를 하는 불규칙한 생활과 소명감 없는 직업의식이 원인이라고 했다. 마침 그곳에 군대 동기가 교도관으로 있어 점심 식사를 하자고 청해 보았지만, 근무 시간에는 교도소 밖으로 나갈 수 없다며 아쉬워했다.

여자 교도관과 대화를 나누던 중 사식으로 들어온 인스턴트 커피를 나누어 마시며 즐거워하는 재소자들을 보았다. 순간 누가 재소자이고, 누가 교도관인가 하는 생각이 들었다.

누가 감옥에 갇혀 있는 것일까.

그리고 어디가 교도소인가.

정기적으로 마음의 양식을 먹지 않고 마음의 운동도 하지 않는 사람, 그리고 소명감 없는 직장과 목적 없는 바쁜 생활을 하고 있는 이가 감옥에 있는 것이 아닐까.

나 역시 전국을 다니면서 강의를 하다 보면 밤늦게 귀가해 새벽에 나가는 강행군이 적지 않다. 그런 중에 규칙적으로 마음의 양식을 먹지 않고, 정기적으로 운동도 하지 않고, 소명감마저 시들한 때는 마치 감옥에 살고 있다는 생각이 들곤 한다.

많은 사람들이 좋은 옷을 입고 좋은 차를 타고 넓은 곳을 바삐 다니지만, 바로 그곳이 감옥일지도 모르겠다.

18

현역으로 남아라

군인은 크게 현역과 예비역으로 나뉜다. 하지만 군기가 바짝 든 현역과는 달리 예비역들은 자신을 군인이라 생각하지 않는다. 그래서인지 예비군 훈련장을 가보면, 일단 복장부터가 엉성하기 짝이 없다. 모자도 대충 쓰고, 군화 끈도 다 묶지 않고, 건빵 주머니에는 스포츠 신문이 끼워져 있다. 조교가 바른 자세를 명하면, 뭐라 한마디씩 구시렁대기도 한다.

그에 비해 현역, 특히 신참 시절은 오감으로도 모자라 육감까지 동원해가며 선임들의 눈치를 살펴야 한다. 그럼에도 그다지 순탄치 않은 것이 현역이다. 나 역시 눈이 크다고, 또 해병대같이 생기지 않았다고 얼차려를 받기도 했다. 그 시절 선임들에게 내가 할 수 있는 말은 "옛, 알았습니다!"와 "옛, 그렇습니다!"라는 딱 두 마디뿐이었을 정도이니 그 긴장감이 오죽했을까.

그러다 서울 대방동에 있는 해병대 사령부로 전출을 가게 되었다. 부대 생활을 서울에서 할 수 있다는 생각에 처음엔 좋기만 했다. 하지만 해병대 사령부 역시 그리 좋은 곳만은 아니었다.

군대의 맛이란 고참병이 되어가면서 맛보게 되는 '열외'에 있다고 해도 과언이 아니다. 산에서 땅을 팔 때도 고참은 열에서 나와 땅을 파지 않는 등 그야말로 특권 아닌 특권을 누릴 수 있다. 하지만 내게는 군대의 맛이라 할 수 있는 이런 '열외'의 기회조차 잘 오지 않았다. 상병 계급장을 달고 5개월이 지났는데도 후임이 들어오지 않았다. 그렇게 불평과 불만만 쌓여가다 보니 군 생활에서 행복이라고는 눈곱만큼도 찾을 수가 없었다.

그러던 어느 날, 무릎이 다 까지도록 마루를 닦고 있다가 문득《성경》의 한 구절이 떠올랐다.

"내가 너희를 섬긴 것처럼 너희도 서로를 섬겨라. 이것이 그리스도의 도이니라."

예수님이 제자들의 발을 씻겨주며 하신 말씀이다. 예수님이 이 땅에 오신 것은 섬김을 받기 위해서가 아니라, 섬기러 온 것이고, 오히려 목숨을 내어주려고 오셨다는 이 말을 떠올리자 새어 나오던 한숨이 절로 들어갔다. 누릴 수 없는 상황에서 누리려 하고, 섬겨야 할 상황에서 섬김을 받으려 했으니 고통이 오는 것은 너무나 당연한 이치였다.

혹여 우리가 지금 '열외'의 기쁨만 추구하거나 예비역의 느슨함에 물들어 있다면 다른 사람들로부터 소외되어 있을 위험이 크다. 세상과 진정으로 소통하고 싶다면, '열외'되려는 마음부터 버려야 한다. 모두가 땅을 팔 때, 열외의 기쁨을 누리며 그늘에서 낮잠이나 즐기는 사람은 비록 몸은 편할지언정 결코 그들과 함께 소통할 수 없다. 모두가 열심히 땅을 판다면 나도 소매를 걷어붙이고 같이 땅을 파야 한다. 그래야 그들과 통할 수 있다.

소통은 현역이다. 군화 끈 제대로 묶고, 모자 똑바로 쓰고, 모든 더듬이를 집중해야 한다. 제대를 해도 현역처럼, 운동을 해도 현역처럼, 삶도 현역처럼 살아야 한다. 섬김을 받으려는 마음을 비우고 섬기려는 마음으로 그들과 만날 때 비로소 그들과 내가 맞닿을 수 있다.

19

반 잔의 커피를 남겨라

" **우** 리 딸은 왜 이렇게 예뻐?"

"응, 난 원래가 예뻐."

다섯 살 정도로 보이는 여자아이가 지하철을 타고 가며 제 엄마와 소곤거린다. 나도 모르게 피식 웃음이 새어 나온다. 아무리 보아도 못난이 양배추 인형같이 생긴 아이다. 그런데도 그 아이는 제 말처럼 정말 예뻐 보였다. 아니, 예뻤다.

원래가 예쁘다는 아이의 말에서 새삼스레 인간의 존귀함을 깨닫게 된다. 인형처럼 예쁜 외모가 아니라도, 천재나 영재 소리를 듣지는 않더라도 인간은 그 자체로 충분히 귀하고 예쁘다는 것을 잠시 잊고 있었다. 그들이 아름다운 이유는 누군가가 그들에게 의미를 부여했기 때문이다.

제2차 세계대전 때에 나치는 수많은 유대인들을 포로수용소에 가두었다. 그러고는 생체실험이나 처형 등의 만행을 저질렀다. 하지만 처음부터 그런 일들이 비일비재하게 일어난 것은 아니었다. 대부분의 사람들은 동물을 죽이는 일도 힘겨워한다. 하물며 사람을 때리고, 죽이고, 생체실험하는 일은 어떠했겠는가.

병사들의 죄책감을 줄이기 위해 나치의 리더들은 간단하게 사람의 심리를 이용했다. 포로수용소 안에 있던 화장실을 모두 없애버린 것이다. 사람들은 선천적으로 더럽고 구질구질한 것은 피하거나 없애버리려고 하는 심리가 있다고 한다. 그래서 깨끗하고 잘 차려입은 사람보다, 지저분하고 잘 차려입지 않는 사람에게 상해를 가하기가 훨씬 쉽다고 한다.

나치의 리더들은 수용소 안이 대소변으로 가득 차고, 유대인들이 오물과 뒤엉켜 나날이 지저분해져 가는 모습을 보며 만족해했다. 실제로 병사들은 오물덩어리 유대인들을 생체실험하거나, 폭행하는 것에 있어 그다지 죄책감을 느끼지 않게 되었기 때문이다.

이 같은 나치의 비인간적 만행에도 불구하고 수용소의 일부 유대인들은 자신을 소중히 여기는 마음을 잃지 않았다. 당시

나치가 유대인들에게 베풀었던 유일한 자비는 거의 구정물에 가까운 커피를 제공하는 것이었다. 차가운 날씨와 열악한 환경에서 온기가 있는 한 잔의 커피는 유대인들에게 자신의 체온을 유지시켜줄 아주 소중한 음료가 되어주었다.

그런데 그중에는 커피의 반은 몸의 온기를 위해, 반은 자신의 얼굴을 씻는 데 사용하는 사람들이 있었다. 동료들은 똥·오줌 냄새가 나는 이런 환경에서 씻으면 얼마나 씻겠느냐며, 아까운 커피를 모두 마시기를 권했다. 하지만 그들은 마지막까지 반 잔의 커피로 자신의 얼굴을 씻었다.

반 잔의 커피, 그것도 거의 구정물에 가까운 커피로 얼굴을 씻는다는 것은 정말 무의미한 일이다. 하지만 그들은, 비록 짐승보다 못한 대접을 받고 있지만 모두 소중한 사람이라는 무언의 항거, 나아가 스스로의 존엄성을 지키기 위해 그 반 잔의 커피를 사용했다. 후에 커피 한 잔을 다 마신 사람보다 반 잔의 커피로 얼굴을 씻었던 포로들의 생존율이 훨씬 높았다고 한다. 내가 나를 도와주지 않으면 아무도 나를 도와줄 수 없는 것이다.

20

추억이라는 엔진을 만들어라

세 계 10대 요리사에게 물었다.

"당신이 죽기 전에 마지막으로 먹고 싶은 음식은 무엇입니까?"

세상에서 맛있고 비싼 요리는 다 먹어보았을 듯한 그들의 입에서 나온 대답은 사람들의 예상을 빗나갔다. 그들 중 단 두 사람만이 캐비어와 송로버섯이라고 대답하고, 나머지는 모두 햄버거, 콜라, 감자튀김 등 너무나 흔한 음식을 찾았다. 떡볶이, 어묵, 김밥과 같은 흔한 길거리 음식인 이것들은 그들이 세계 10대 요리사가 되기 전에 제일 즐겨 먹었던 음식이었다고 한다.

감옥을 배경으로 한 미국 드라마 〈프리즌 브레이크(Prison

Break)〉에서도 집행을 앞둔 사형수에게 마지막으로 뭘 먹고 싶으냐고 묻는 장면이 나온다. 죽음을 앞둔 사람에게 베푸는 마지막 온정에 영화 속 주인공은 그다지 먹고 싶은 게 없다고 하다가, 결국에는 사랑하는 아들과의 추억이 담긴 블루베리파이가 먹고 싶다고 말한다.

세계 최고의 요리사이건, 사형 집행을 앞둔 사형수이건 그들에게 있어 최고의 음식은 바로 추억인 셈이다. 나 역시 아무런 감흥 없이 먹었던 호텔 음식보다는 어린 시절 어머니가 해준 음식들이 훨씬 더 소중하다. 김이나 단무지 같은 흔한 재료들에 고춧가루와 간장이 전부였던 그 정체 모를 음식들이 생각날 때면 나도 모르게 입 안에 침이 고인다. 추억이 고픈 것이다.

추억은 힘이 세다. 우리의 육체를 지탱해주는 것이 음식이라면, 우리의 정신을 지탱해주는 것은 추억이다. 사랑하는 사람을 잃어도 그와의 추억이 많은 사람은 결코 그를 떠나보낸 것이 아니듯 말이다.

언젠가는 우리 모두 이 소풍을 마무리해야 한다. 가족들과 아름다운 추억과 정겨운 장면이 많은 사람들은 자동차만 바꾸거나 집의 평수만 넓히다 소풍을 끝내는 사람보다는 훨씬 풍

요롭고 아름다울 것이다.

　추억의 힘을 아는 사람은 계속해서 아름다운 추억을 만든다. 추억이 많은 사람은 그래서 정말 힘이 세다.

21

소 · 통 · 하 · 려 · 면

질문을 바꿔라

만약 한 아이의 부모라면, 막 학교에서 돌아온 아이에게 무엇부터 물을까?

"별일 없었니? 선생님한테 혼나지는 않았어?"

"선생님 말씀 잘 들었니? 친구들과는 싸우지 않았고?"

그렇다면 우리는 착하고 순종적인 아이를 길러내는 전형적인 한국 부모임이 분명하다. 하지만 그런 아이는 자라서 말 하나는 끝내주게 잘 들어 조직에서 미운털 박힐 일은 없을 테지만, 결코 조직을 이끄는 브레인이 되기는 힘들 것이다.

노벨상의 3분의 1, 노벨경제학상의 3분의 2를 유대인이 휩쓸고 있다. 67억 지구 인구 중 유대인은 1,700만 명 정도에 불과하며, 이는 우리나라 인구의 3분의 1 정도에 해당하는 수다.

하지만 "문을 열어라. 노벨상이 있다. 가서 주워 와라."는 그들의 말처럼 그들에게 노벨상 타는 일은 그리 힘든 일이 아니다. 어디 그뿐인가. 그들은 세계 여러 나라, 여러 분야에서 학문 연구를 주도하고 있고, 배후에서 세계를 지배하고 있다.

그런데 우리는 어떤가. 그들 못지않은 두뇌를 자랑하는 우리나라 사람들에게 노벨상은 여전히 꿈같은 일이다. 미국 예일대 교수 중 유대인들에게 정신적 지주라 불리는 한 사람이 말했다. "한국인들은 향후 50년 안에는 노벨상 받기 힘들다." 한국인인 이상 이 말에 발끈하지 않을 수 없다. 하지만 이것은 어쩔 수 없는 사실이다.

"당신들이 어떤 사람인 줄 아는가? 당신들은 아이가 보는 앞에서 부모가 싸우는 민족이다. 교통사고가 나도 서로의 잘잘못을 따지기 이전에 나이를 따지고, 부모를 들먹인다. 당신들은 남편과 아내, 부모와 자식, 선생과 제자 등 대부분의 관계가 주종 관계다. 그만큼 당신들은 얼어 있고, 굳어 있다. 당신들은 머리가 좋은 민족임에는 분명하지만, 창의와 창조가 핵심인 노벨상을 기대하기란 힘들다."

듣고 보니 저절로 꼬리가 내려진다. 과연, 토론과 논쟁을 통해서 답을 찾아간다는 유대인다운 지적이다.

‘교육’이라는 뜻으로 해석되는 ‘Education’은 라틴어의 ‘Educare’에서 유래된 말로, ‘e’는 out의 의미로 ‘밖으로’라는 뜻을 가지고 있으며, ‘ducare’는 ‘끄집어내다’, ‘빼내다’, ‘이끌어올리다’라는 의미를 가지고 있다. 즉, Education은 자질과 재능이라는 작은 씨앗에 물을 주고, 햇빛을 주어 밖으로 이끌어내도록 도와준다는 뜻이다. 이것은 지식을 주입하는 데 열중하는 우리의 교육 방식과는 분명 큰 차이가 있다.

우리나라와 같은 권위적 문화에서는 자질과 재능을 밖으로 이끌어내기란 쉽지 않다. 씁쓸한 일이 아닐 수 없다.

유대인 중에 이지도어 아이작 라비라는 물리학자가 있다. 그는 원자시계의 개념을 최초로 발견한 사람으로 1944년 노벨상을 탔다. 요즘 우리가 편리하게 이용하고 있는 자동차 내비게이션도 바로 이 사람이 발견한 원리를 적용한 것이다.

“어떻게 그런 생각을 해냈나요?”

그가 최초로 핵의 자기공명 기술을 개발해냈을 때 기자들이 그 비결을 물었다. 그가 대답했다.

“내가 어렸을 때 학교에서 돌아오면 어머니는 늘 이렇게 물으셨지요. ‘얘야, 오늘 공부 시간에는 선생님에게 무슨 질문을 했니?' 그것이 바로 오늘의 나를 있게 한 비결이지요."

질문하고 토론하는 것이 습관화된 문화에서는 생각을 열고 제 속의 것을 밖으로 이끌어내기가 쉽다. 이러한 자율적 사고와 창의력이 결합하여 창조적인 무언가가 탄생되는 것이다. 그저 선생님한테 혼나지나 않았는지, 상사 눈 밖에 나는 짓을 하지는 않았는지에 더 관심을 갖는 문화에서는 노벨상은 물론이고 창의적인 인재가 탄생되기 힘들다.

이제 질문을 바꾸어야 한다. 아이가 생각과 자유롭게 소통할 수 있도록 길을 열어주고, 밖으로 이끌어주는 것이다.

"너는 오늘 직장에서 무슨 토론을 했니?"

"얘야, 오늘 공부 시간에는 선생님에게 무슨 질문을 했니?"

5천만 한국인이 지금껏 하지 못했던 그 일을 해내려면 질문을 바꿔야 한다.

22

부족하더라도 시작하라

무언가를 하고 싶거나 혹은 해야 할 때, 프로 못지않은 완벽한 준비가 되어 있다면 얼마나 좋을까. 하지만 불행히도 우리 삶에 아귀가 척척 들어맞는 상황은 그리 자주 오지 않는다. 완벽한 그림 솜씨에 멋들어진 아틀리에, 수십 명이 넘는 원생까지 모집된 상태에서 미술학원을 개원하려면 아마도 아주 많은 기다림의 시간을 가져야 할 것이다.

'음성 클리닉'이라는 이름으로 보이스 컨설팅을 시작할 당시 나는 내가 하려는 일에 대한 멋진 시나리오도 특별한 구상도 없는, 그야말로 완벽한 아마추어였다. 하지만 이 일에 대한 확신과 소망, 그리고 열정만은 프로 못지않게 강렬했다. 그래서 나는 완벽한 신작로를 기다리기보다는 거친 돌길을 가며 하나하나 돌을 고르고 아스팔트를 까는 방법을 선택했다.

첫 고객, 그것도 밥까지 사줘가며 포섭했던 아는 형이 단 세 차례의 수업만으로 나의 컨설팅을 거부했을 때, 나는 절망하기보다는 내게 부족한 그 무언가를 채우기 위해 노력했다. 그리고 곧이어 만난 고객을 통해 나는 나의 수업에 있어서 무엇이 좋은지, 어떤 점을 개선해나가야 하는지를 알 수 있었다. 덕분에 지금 내 앞에 놓인 길은 그때보다 훨씬 탄탄하고 매끈하다.

완벽하게 준비되어야만 무언가를 시작할 수 있다면, 세상에서 할 수 있는 일은 그리 많지 않다. 모든 조건이 맞아떨어져서 사과가 저절로 내 입 속으로 떨어지기를 기다리는 것처럼 완벽하게 꼭 맞는 환경은 자주 오지 않기 때문이다.

미국의 초대 국회를 성립할 때의 일이다. 처음 시작하는 일이니 목사님을 모셔 기도를 부탁하자는 의견이 나왔다. 그런데 담당자의 대답은 목사님을 모셔올 돈이 없다는 것이었다. 이것이 그대로 국회 기록에 남아 있다고 한다. 오늘날 엄청난 민주주의를 이룩한 미국의 국회가 하마터면 만들어지지 못할 뻔했다. 돈을 받지 않는 목사님을 모셔 올 수도 있고, 나중에 예산이 생기면 보답할 수도 있는데…….

　최소한의 확신, 최소한의 소망, 최소한의 열정이 있다면 하고자 하는 것을 시작해야 한다. 그때가 바로 기회이기 때문이다. 비록 시도해서 실패를 하더라도, 적어도 이렇게 하면 안 된다는 교훈은 건질 수 있지 않은가. 그런 값진 노하우가 하나둘 쌓여가면서 아마추어를 프로로 만들어줄 것임에 틀림없다. 지금 바로 시도하라.

23

메시아 콤플렉스에서 벗어나라

"**이**게 다 부장님 덕분이에요!"

"부장님이 없으면 우리 회사는 당장 문 닫아야 할
걸요!"

그저 인정받는 것이 좋았을 뿐이다. 그래서 청춘을, 열정을,
오로지 한곳에만 쏟아부었다. 대가를 원한 적도 없다. 그저 회
사가 성장하고, 사람들이 즐거워하는 그 모든 것이 '당신' 덕
분이라 인정해주는 한마디면 그걸로 족하다.

어느 날 갑자기 그는 과로로 쓰러지게 된다. 그리고 몇 달간
휴양하며 건강을 돌봐야 한다는 안타까운 말을 듣게 된다. 병
원 침대에 누워서도 회사 걱정 때문에 잠을 이룰 수가 없다.

"김 대리, 요즘 회사 어때?"

"아! 회사요? 잘 돌아가죠. 지난달보다 매출이 두 배로 올랐어요!"

"어…… 잘됐네. 그나저나 내가 어서 회사로 복귀해야 하는데……."

"그런 말씀 마세요. 부장님 안 계셔도 우리 회사 끄떡없으니 마음 편히 몸조리 잘하세요."

병실에 누워서도 회사 걱정인 그와 달리, 회사는 너무나 잘 돌아가고 있다. 전화를 끊는 혀끝에서 씁쓸함이 감돌고 마음은 소란스럽기 그지없다.

내면이 소란스러운 원인은 '나는 알고 있다'라는 생각 때문이다. 아는 것을 알려야 하고 주장해야 하고 관철시켜야 하고, 그럼으로써 인정받아야 한다는 욕구가 우리를 소란스럽게 하는 것이다.

언젠가 사회복지사들의 조찬 모임에 간 적이 있다. 그중 한 사람이 "내가 30년 가까이 대한민국에서 사회복지를 이야기했는데, 이 사회는 달라지지를 않는다."며 울분을 토했다. 화를 참지 못한 그는 얼마 후, 연세 지긋한 한 신부님을 찾아가 자신의 심정을 토로했다.

"당신이 뭔데 이 세상을 바꾸려 하는가? 나는 60년을 이야기했는데도 세상은 변한 게 없다. 예수님은 2000년을 이야기했다. 그래도 사회는 이 모양이다. 당신이 뭔데 당신 이야기에 세상이 변해야 한다고 생각하나?"

신부님은 그에게 삶의 덧없음이나 허무함을 말한 것이 아니다. 그냥 조금 내려놓으라는 것이다. 세상은 눈에 보이지 않을 만큼의 느린 속도로 천천히 변하고 있고, 그 속도가 성에 차지 않는다고 해서 내가 구원자가 되어야 하는 것은 아니니 말이다.

메시아 콤플렉스는 나를 힘들게 하고 나와 관계를 맺는 많은 사람들을 힘들게 한다.

"내 말대로 하면 자다가도 떡이 생길 텐데, 왜 당신들은 내 말을 따르지 않는 거야!"

어쩌면 우리가 생각하는 대부분의 것들이 옳을지도 모른다. 하지만 천천히, 그리고 조금은 내려놓고 보자. 내가 평화로워야 세상도 평화롭다.

아이도, 남편도, 사회도 내가 다 조종하고 바꾸어놓아야 한다며 오늘도 에너지를 모조리 불태웠을지 모른다. 그런데 에너지를 다 태운 그 끝에서 재가 된 나는, 나 없이도 잘 돌아가는 세상을 보며 과연 어떤 생각을 할까. 씁쓸하고 또 씁쓸하지 않겠는가. 내가 세상을 다 짊어지지 않아도 세상은 충분히 잘 돌아간다. 세상은 우리가 있기 이전부터 돌아가고 있었고, 우리가 떠난 이후에도 돌아갈 것이다.

24

흘러야 한다

얼마 전 제 아이가 굶어 죽는 것도 모르고 밤새 게임에
빠져 있던 젊은 부부 이야기가 전국을 떠들썩하게 했
다. 그리고 부산의 한 PC방에서는 43시간 동안 쉬지 않고 게
임만 하던 청소년이 화장실에서 싸늘한 주검으로 발견되어
사람들을 안타깝게 하기도 했다. 조사 결과, 흘러야 할 피가
흐르지 않아 생긴 혈전이 이 청소년의 심장에 무리를 가한 것
이라 한다.

　게임이든 도박이든 그것에 집착하고 중독되면 흐름을 잊는
다. 시간이 흐르는 것을 잊어버려 3개월 된 아이를 배 곯아 죽
게 만들고, 급기야는 내 몸에 피가 흘러야 한다는 사실조차도
잊어 내 몸까지도 죽이게 된다.

그것이 피든, 생각이든, 심지어는 돈조차도 흘러야 할 것들이 흐르지 않으면 병이 든다. 일본의 유명한 물 연구가인 에모토 마사루 박사는 동일한 물을 가지고 하나는 플라스틱 용기에 담아 머물게 하고, 하나는 자연스레 흘려보내며 물의 결정을 비교하는 실험을 했다. 당연히 흐르는 물이 아름다운 결정을 띠었다.

세상 모든 것은 한곳에 머무르기보다는 흘러야 아름답다. 하물며 나무들도 그러하다. 비록 몸은 한곳에 뿌리를 내렸지만, 가지는 언제나 바람에 살랑거리며 오래된 잎을 떨어내고, 씨앗은 바람과 곤충과 새의 부리를 타고 세상으로 흐른다.

만물이 그러하듯 사람도 흘러가며 세상의 좋은 이치를 배우고 자신을 끝없이 정화해야 아름다운 본질을 유지할 수 있다. 피가 흐르며 신선한 산소를 공급해야 몸이 썩지 않고, 마음이 흐르며 정을 전하고 사랑을 전해야 관계가 썩지 않는다. 지식은 또 어떠한가. 새로운 지식이 활자화되어 나오기 무섭게 그것을 뒤엎는 뉴버전이 나온다. 그래서 우리는 끊임없이 책을 읽고 신문을 읽는다.

세상 모든 것을 다 가져 부러운 것이 없어 보이는 빌 게이츠조차도 매일 밤 독서를 한다고 한다. 게다가 그가 읽는 책은 과학이나 비즈니스에 국한되지 않는다. 그는 거의 모든 영역의 책을 골고루 읽으며, 대중적인 신문이나 잡지, 주간지 등도 끝까지 읽는다. 그가 이런 폭넓은 독서 습관을 가지는 것 또한 세상과 더불어 흐르기 위해서다.

흐르는 사람은 함께하기에도 좋다. 나도 그와 함께 흐를 수 있기 때문이다. 사람은 영물이어서 누군가와 만나 단 몇 분만 이야기를 나눠보아도 그 사람이 흐르는 사람인지, 정체된 사람인지를 알 수 있다. 그래서 그가 정체된 사람이면 가급적 그를 멀리하려 한다. 그의 고린내 나는 삶에 물들지 않기 위해서다.

공자는 "나이 일흔 살이 되어서는 하고 싶은 대로 하여도 도리에 어긋나지 않았다."고 했다. 아마도 흐르는 세월이 그에게 해야 할 것과 하지 말아야 할 것을 구분하는 현명한 눈을 선물했기 때문일 것이다.

어쩌면 우리도 일흔이 되면 자연스럽게 아름다운 사람이 될지도 모른다. 세월이 당신을 흐르게 했기 때문이다. 하지만 일흔에 아름다운 사람이 되어 무엇 하겠는가. 한 살이라도 더 젊고 생기 있을 때 아름다운 것이 훨씬 좋다. 그러려면 세월에

떠밀려 흐르기보다는 당신 스스로 먼저 흘러야 한다. 누구보다도 열심히 흐르는 당신의 결정은 흐르는 물보다도, 만개한 봄날의 벚꽃보다도 더 아름답게 빛날 것이다.

25

초코파이를 넘어서라

몇 년 전 나는 가슴을 뛰게 하는 영화 한 편을 만났다.

"초원이 다리는?"

"백만 불짜리 다리."

다섯 살 아이의 지능을 가진 스무 살 자폐 청년 초원이가 마라톤을 완주해내는 마지막 장면에서 기어이 눈물을 찔끔 자아내고 말았던 영화, 〈말아톤〉이 바로 그것이다.

어린 시절 엄마가 흔들어대던 초코파이를 먹기 위해 엄마와 함께 산에 올랐던 초원이는 스무 살이 되자 등산 대신 마라톤을 한다. 남들보다 달리기 실력이 뛰어난 자폐 아들을 위해 엄마가 선택한 것이었다.

그런데 영화를 보는 동안 마음속에서는 갈등이 일었다. 초원이가 뛰는 이유는 무엇일까. 엄마의 강요에 의한 것인가, 엄마를 기쁘게 해주기 위한 초원이의 배려인가, 아니면 달콤한 당근과도 같은 초코파이와 자장면을 위한 것인가. 이도 저도 아니면 진정으로 달리는 것이 좋아서인가.

이유야 어쨌건 초원이는 마라톤에 출전하여 사력을 다해 뛴다. 하지만 맹목적인 열정만 가득한 초원이는 숨 고르기를 할 여유가 없었던 탓에 마라톤 도중 쓰러지고 만다.

그때 한 여인이 쓰러진 초원이에게 초코파이를 내민다. 엄마가 흔들어대던 달콤한 초코파이, 늘 초원이를 달리게 만들었던 맛난 초코파이다. 우리는 소리친다.

"어서 일어나! 그리고 달려!"

초원이는 우리의 기대를 저버리지 않으려는 듯 자리에서 일어난다. 그리고 뛴다. 하지만 그의 손에는 초코파이가 없다. 카메라는 버려진 초코파이를 클로즈업한다. 초원이는 이제 초코파이가 없어도 뛸 수 있음을 우리에게 보여준다.

엄마도 초코파이도 아닌, 순수한 자신의 의지로 뛰어가는 초원이에게 마라톤은 더 이상 고통이 아니다. 발끝으로 느껴지는 땅의 감촉, 머릿결을 흩날리는 상쾌한 바람, 코끝으로 느껴지는 신선한 공기, 손끝에 스치는 풀의 감촉을 통해 초원이는 세상과 진정한 소통을 시작하게 된다.

　달콤한 초코파이, 이것은 초원이가 달리는 이유였고, 지금
껏 우리가 달려온 이유인지도 모른다. 어쩌면 오늘 하루도 돈,
명예, 권력, 인정, 성공 등 수많은 초코파이를 향해 내달렸을
것이다. 물론 이러한 초코파이가 나쁘기만 한 것은 아니다. 그
것은 동기를 부여하고, 때로는 고통을 잊게 해주는 좋은 선기
능을 하기도 한다. 하지만 마라톤과 같은 길고 긴 인생에서 우
리는 초코파이만으로는 절대 멋진 완주를 해낼 수 없다.
　삶도 마라톤처럼 페이스 조절을 해야 한다. 초코파이를 향
한 열정만으로 달리다가는 심장이 터져 죽을 수도 있고, 얻고
나서도 허무함만 가득할 수 있다.
　건강한 삶은 초코파이의 동력으로 뛰는 것이 아니라, 순수
의지로 뛰어가는 그 길에 있으니 말이다.

26

소·통·하·려·면

심밀도를 높여라

심하게 넘어져도 멀쩡한 사람이 있고, 조금 비끗했는데
도 뼈가 부러지는 사람이 있다. 후자에 속한다면 십중
팔구 뼈가 약한 사람이다. 뼈가 튼튼한 사람, 즉 골밀도가 높
은 사람은 여간해서는 잘 부러지지도 않을뿐더러, 부러진다
해도 깔끔하게 한 방향으로 부러져 접합도 잘 된다. 하지만 골
밀도가 낮은 사람들은 뼈가 마른 식빵처럼 부서져 조합하기도
힘들며, 심하면 뼛조각들이 혈관과 장기 속을 다니면서 상처
를 내고 염증을 일으킬 수 있다.

나는 튼튼한 골밀도를 유지하기 위해 우유를 즐겨 마신다.
여학생들이 많다는 이유로 신청하게 된 가정대 수업에서 칼슘
의 중요성에 대해 들었기 때문이다. 교수님은 "여성이 임신을

하게 되면 배 속의 태아가 칼슘을 보충하기 위해 엄마에게서 칼슘을 가져가는데, 이때 여성의 골밀도가 급격히 낮아진다."며, 날마다 우유 한 잔씩을 꼭 마셔두라고 당부를 했다. 가난한 살림에 6남매를 배 속에 두셨던 어머니의 부실한 뼈마디를 떠올리며 나는 연신 고개를 끄덕였다. 그후로 골밀도를 높이기 위해 꾸준히 우유를 마셔왔다.

그런데 골밀도가 약한 사람만 잘 부러지는 것은 아니다. 심밀도, 즉 마음의 밀도가 약한 사람도 잘 부러진다. 게다가 한번 부러진 마음은 쉽게 회복되지도 않으며, 회복되더라도 원래의 마음에서 훨씬 굽은 모양으로 세상을 바라보게 된다. 반면, 높은 심밀도를 가진 사람은 자신의 상처나 열등감에도 의연한 태도를 보인다.

캐나다의 제20대 총리를 지낸 장 크레티앙은 스물아홉 젊은 나이에 하원의원이 된 사람이다. 이후로도 장관직을 열 번이나 역임했고, 퇴임하기까지 총리직을 세 번이나 지내면서 국민들의 지지를 받았다. 하지만 그런 그도 세상의 잣대로 보면 못난 구석이 너무나 많은 사람이다. 가난한 집의 열여덟 번째 자식으로 태어난 그는 청각장애로 한쪽 귀가 멀고, 안면근육 마비로 발음 또한 어눌하기 그지없었다.

어린 시절 그는 일그러진 얼굴과 어눌한 발음 때문에 친구들에게 놀림을 받기 일쑤였고, 어른이 된 이후 정치인으로도 크고 작은 어려움을 겪어야 했다. 하지만 그는 결코 자신의 상처를 숨기거나 부끄러워하지 않았다. 그저 담담히 받아들이고, 더욱 겸허한 자세로 사람들을 대했다.

총리가 되기 위해 선거 유세를 할 때도 그는 자신의 상처를 당당히 드러냈다.

"여러분, 저는 언어장애를 가지고 있습니다. 그 때문에 오랜 시간 고통을 당하기도 했습니다. 그리고 지금은 제가 가진 언어장애 때문에 제 생각과 의지를 여러분에게 모두 전하지 못할까 염려스럽습니다. 인내심을 가지고 저의 말에 귀 기울여주십시오. 저의 어눌한 발음이 아니라 그 속에 담긴 저의 생각과 의지를 들어주십시오."

그때였다. 그를 반대하는 정당의 누군가가 군중 속에서 소리쳤다.

"한 나라를 대표하는 총리에게 언어장애라니! 저런 사람이 총리가 될 자격이 있습니까?"

그러자 크레티앙은 어눌하지만 단호한 목소리로 말했다.

"저는 말을 잘 못하지만 거짓말은 안 합니다."

솔직하고 당당한 그의 대답은 사람들의 마음을 사로잡았다.

선천적으로 건강한 마음을 타고났다면 더없이 좋겠지만, 그렇지 않더라도 그리 염려할 필요는 없다. 골밀도를 높이기 위해 열심히 우유를 마시듯 심밀도를 높이기 위한 처방약도 따로 있으니 말이다.

심밀도를 높이기 위한 첫 번째 방법은 '사랑'을 많이 먹는 것이다. 좋은 말, 좋은 격려, 다정한 눈빛을 많이 받은 사람은 그렇지 않은 사람에 비해 충격에 강하다. 그들은 좋지 않은 말을 들어도 의연하게 넘길 수 있는 여유가 있다.

두 번째는 '운동'을 많이 하면 된다. 골밀도를 높이기 위해 몸의 운동을 하듯, 심밀도를 높이기 위해 마음의 운동을 하는 것이다. 사랑하는 것에 망설이지 말고, 시도하는 것에 망설이지 말고 먼저 사랑을 주고, 좋은 말을 건네고, 좋은 행동을 하다 보면 심밀도는 더욱 강건해져 웬만한 충격에도 흔들리지 않게 된다.

세 번째는 '위로'를 해주는 것이다. 몸에 상처가 나면 그것이 나을 때까지 약을 바르고 붕대를 감아준다. 심지어 깁스를 하여 소중하게 감싸준다. 마음의 상처도 따뜻한 위로의 말로 약을 바르고 감싸 안아주어야 한다. 다친 마음을 위로받은 사람은 자신이 얼마나 소중한 존재인가를 알게 된다.

살다 보면 유난히 동글동글한 마음의 사람과 만날 때가 있다. 그럴 때면 우리 마음도 덩달아 동그래진다.

27

성숙한 기도를 하라

대학시절 나의 기도는 단순했다. "무엇을 이루게 해주세요.", "무엇을 얻게 해주세요." 끝없이 바라고, 구하기만 했다. 가끔은 "하나님이 그것만 들어주시면 나도 그렇게 할게요."라며 하나님을 상대로 거래를 하기도 했다. 덜 성숙하고 덜 여물었다.

성악 시험을 앞두고는 기도가 더욱 절절해졌다. 시험으로 내준 오페라 다섯 곡 중에 교수님이 두 곡을 고르면 그것을 불러야 하는데, 무슨 배짱인지 언제나 나는 딱 두 곡만 골라 연습을 했다. 그러고는 하나님께 기도를 한다.

"하나님 1번, 3번입니다. 아시겠죠? 꼭 그거라야 합니다. 하나님이 그것만 들어주시면 매일 새벽기도를 나가겠습니다."

나의 간절함 때문인지 하나님은 매번 내 기도를 들어주셨다. 그런데 나는 어땠을까? 고백하건대 나는 하나님과의 약속을 한 번도 지키지 않았다. 기도를 들어주신 고마움은 어느새 잊고, 그저 나는 운이 좋은 녀석이라 생각하고 말았다.

세상에는 '이미 받은 것들'과 '앞으로 받을 것들'이 있다. 하지만 우리는 이미 받은 것들은 잊고, 앞으로 받고 싶은 것들만 구한다. 옷장 가득 넘치는 옷 앞에서 입을 옷이 없다고 투덜대고, 죽을 듯 사랑했던 그 마음을 잊고 죽일 듯 싸운다. 더 좋은 옷, 더 좋은 사람을 보내주면 그제야 감사하겠노라 기도한다. 하지만 새 옷이 생겨도, 새 사람이 생겨도 감사할 줄 모른다. 그리고 이내 그것들은 당연한 것, 익숙한 것이 되고, 다시 지겨운 것이 된다.

가톨릭의 오랜 전통 중 하나가 '항상 감사하는 것'이다. 특히 가톨릭이 대중 속에서 안정을 찾기까지 생존의 위협마저 느껴야 했던 그들은 밥 먹을 때도, 심지어는 물 마실 때조차도 감사의 기도를 잊지 않았다.

언젠가 한번은 신부님과 식사를 할 일이 있었다. 나와 개인적으로 이야기를 나누고 싶다고 해서 그분의 사제관으로 찾아갔다. 식탁에 앉은 신부님은 식사 전 감사의 기도를 했다. 그런데 그분은 식사를 마치고 나서도 다시 감사 기도를 했다. 이미 허기를 채운 내가 감사한 마음조차도 잊고 포만감에 아무 생각 없을 때, 그분은 또다시 식사 후 감사 기도를 한 것이다. 진정 성숙한 기도가 무엇인지 깨닫는 순간이었다.

먹고 마시고 입고 머물고 행하는 모든 것들에 일일이 감사의 기도를 하기란 쉬운 일이 아니다. 하지만 분명 그것은 감사해야 할 일이다. 지금 감사할 줄 모르는 사람은 나중이 되어도 감사한 마음을 갖기가 어렵다. 지금 좋지 않은 사람은 나중이 되어도 좋기 어렵다. 지금 충분히 좋고 지금 충분히 감사한 사람만이 더 좋고 더 감사할 일이 생긴다. 그들은 항상 감사하는 법을 알기에 어제도 오늘도, 그리고 내일도 좋은 일, 감사할 일만 생긴다. 감사는 마치 자석의 힘과도 같은 것이다.

28

마음의 쿠션이 필요하다

편안한 승차감을 위해, 포근한 포옹을 위해 충격을 완화해 줄 쿠션이 필요하듯, 원활한 소통을 위해서도 우리의 마음에 쿠션이 필요하다. 직장인들을 대상으로 강연할 때면 나는 종종 "직장 생활 중 뭐가 가장 힘든가?"를 묻는다. 그러면 그들은 단연 '인간관계'를 제일로 꼽는다.

"일이 힘든 것은 참겠는데, 사사건건 내 속을 박박 긁는 그 인간을 견디는 것은 정말 힘들어."

그게 직장이든 집이든, 나와 맞지 않고 나를 불편하게 하는 사람이 내 주위에 있다는 것은 여간 불쾌한 일이 아니다. 그런데 더 큰 문제는 그도 나를 불편하고 가까이하기 싫은 사람으로 생각하고 있다는 사실이다.

차를 타다 보면 움푹 파인 도로나 돌멩이의 충격을 그대로 몸에 전해주는 차가 있는가 하면 충격 완화 작용이 잘 되어 있어 그 충격이 최소로 전달되는 차도 있다. 누군가가 나에게 들어와 냄새나는 짓을 해도 시간이 지나면 환기가 되는 것처럼 마음에도 충격을 흡수하는 쿠션이 필요하다.

어느 날 모델하우스에 구경을 갔는데 그곳에 복층 하우스가 있었다. 높은 천장과 쾌적한 공간도 놀라웠지만, 게스트용 화장실이 따로 있는 것이 부러웠다. 손님이 급한 볼일을 볼 때 주인도 손님도 편할 만큼 공간이 넉넉했기 때문이다. 실제로 많은 사람은 복층아파트에서 살기 어렵다. 그러나 마음의 게스트 하우스는 얼마든지 가질 수 있다. 마음의 게스트 하우스를 하나 갖고 있으면 넉넉하게 타인을 받아줄 수 있다.

29

문제 속에서 나와 바라봐야 한다

우리나라 교회에서 많은 존경을 받으며 활발한 활동을 하는 한 목사님이 한때 자신의 아들 때문에 곤욕을 겪은 일이 있다고 한다. 그 목사님의 아들이 신학교에 다닐 때, 교내에서 귀걸이를 하고 있는 모습이 언론을 통해 알려지게 된 것이다. 보수적 성향이 짙은 기독교 사회에서 그 일은 이슈가 되기에 충분했다.

당연히 목사님도 아들이 귀를 뚫은 것에 큰 충격을 받았다. 당장 아들을 찾아가서 "사내자식이 귀걸이는 무슨 귀걸이! 그것도 목사 아들이!"라며 귀걸이를 떼게 하고 싶었다. 하지만 목사님은 아들에게 달려가는 대신 책상 앞에 앉았다. 그러고는 글을 쓰기 시작했다.

'내가 목사지 내 아들이 목사인가.'

'내 아들이 목사의 아들로서, 아무 고민 없이 귀걸이를 하지는 않았을 것이다.'

'아마도 아들은 참고 참다가, 미루고 미루다가, 망설이고 망설이다가 용기를 내어 귀걸이를 했을 것이다.'

생각이 글로 형상화되는 동안 복잡한 문제들이 하나둘 정리되기 시작했다. 그러고는 마침내 명쾌한 해답이 나왔다.

"그래! 아들이 고민하고 망설였던 시간만큼 나도 아들을 기다려주자."

목사님은 그렇게 몇 달을 기다렸고, 그 기다림의 시간만큼이나 아들을 더 깊이 이해하고 사랑하게 되었다.

우리는 하루에도 몇 번씩 복잡한 문제들과 맞닥뜨린다. 내 마음과 내 마음이 충돌하고, 나와 타인이 충돌하며 다툼과 미움이 생기기도 한다.

무엇이 옳은가 그른가를 떠나 마음이 편치 않은 것은 사실이다. 이럴 때, 심리학자들은 그러한 사실을 종이에 적어보길 권한다. 나의 문제, 가족의 문제, 회사의 문제 등 그것을 종이에 옮겨 적다 보면 문제는 나를 떠나 점점 객관화되고, 마침내 깨끗하게 정제된 '문제' 그 자체만 남는다.

"모로 보니 재인 듯 옆으로 보니 봉인 듯
곳곳마다 보는 산 서로서로 다르구나
여산의 참모습 알 수 없기는
내가 이 산중에 있음이로세."

송나라 시인 소동파의 〈여산진면목〉이라는 시다. 내 속에서
문제를 바라보면 결코 문제의 참모습을 보지 못한다. 그래서
우리는 멀찍이 자신을 세워두고 객관화시켜 문제를 바라보는
연습이 필요하다. 글을 쓰든, 대화를 하든 문제 속에서 벗어나
바라보아야 한다.

30

사연을 소명으로 바꿔라

가끔은 삶이 드라마보다 더 드라마 같다는 생각이 들 때가 있다. 삶의 굽이굽이마다 갖가지 사연들이 맺히고, 더러는 그 사연 속에서 아파하기도 한다. 법정 스님이 입적하신 후 언론을 통해 그분 암자 앞의 굽은 소나무를 본 적이 있다. 소나무는 꼿꼿할 때도 그 절개가 남다르지만 허리가 굽은 그 소나무 또한 그대로 좋아 보였다. 바람과 햇빛, 비와 눈에 순응하며 사는 자연의 멋이 풍기니 말이다.

우리 삶과 그 속의 사연들도 굽은 소나무처럼 제 나름의 멋과 향을 풍긴다. 사연이 소명이 된 사람에게서는 그 향기가 더욱 짙다.

"아, 내가 작곡하도록 소명을 받았다고 느끼는 모든 것들을

97

이루기 전에 이 세상을 영원히 떠난다는 것은 나로서는 생각할 수 없다."

청력을 잃어가는 것에 좌절한 베토벤이 자살을 결심한 후 그의 두 동생들에게 썼던 유서의 한 구절이다. 하지만 그는 유서를 동생들에게 전하기보다는 제 운명의 목을 움켜쥐겠다는 각오를 다졌다. 그리고 완전히 청각을 잃어 더 이상 연주가로서의 삶이 힘들어지자 그는 작곡가로서의 마지막 소명에 온 힘을 바친다. 그 결과, 지금 그는 시대와 국경을 초월한 아름다운 음악가로 우리와 함께하고 있다.

《성경》에 보면, 사마리아 여인에 대한 이야기가 나온다. 모두들 한낮의 더운 뙤약볕을 피해 아침이나 저녁 시간에 물을 길어가지만, 이 여인은 낮에 물을 긷기 위해 우물가로 간다. 왜일까? 여인에겐 사람들을 피해야 할 사연이 있기 때문이다.

여인은 남편이 여섯 번이나 바뀌었다. 때문에 여인은 사람들과 만나는 것이 무척 두려웠다. 아이와 여자는 사람으로 여기지 않던 시절에 남편이 여섯 번이나 바뀐 여자는 모두의 손가락질을 받기에 충분했던 것이다.

어느 날, 여느 때처럼 한낮에 우물가로 간 그 여인은 그곳에서 예수님을 만나게 된다. 예수님은 여인에게 물을 달라고 하신다. 그리고 여인에게 "가서 네 남편을 데려오라." 하신다.

"저는 남편이 없습니다."

여인은 남편이 없다고 거짓말을 한다. 자신의 사연을 들킬까 두려운 것이다.

"그렇다. 너는 전에 남편이 다섯이 있었고, 지금도 집에 하나가 있지만, 그도 네 남편이 아니다."

"당신네는 예배를 예루살렘에서 보나요?"

여인은 예수님의 화제를 다른 곳으로 돌린다. 자신의 사연과 맞닥뜨리기 싫은 것이다. 그러자 예수님이 여인에게 말씀하신다.

"너는 내가 누구인지 알았다면, 나에게 물을 달라고 했을 것이다. 네가 나에게 주는 물은 마셔도 또 목마르는 것이지만, 내가 주는 물은 너를 영원히 목마르지 않게 할 것이다."

사연 많고 사람들을 만나기 꺼려했던 이 여인이 예수님의 말씀을 듣고, 바로 마을로 내려가서 외친다.

"이리 와보세요. 그가 나의 이야기를 다 알고 있어요. 그가 분명 그리스도가 아닐까요?"

여인의 이야기를 들은 많은 사마리아 사람들이 예수님께 오고, 그들은 예수님을 직접 만나 이야기를 들으면서 예수님을 메시아로 인정하게 된다. 사마리아 여인은 자신의 사연을 통해 예수님을 만났고, 그 사연이 소명이 된 것이다.

사연은 누구에게나 있다. 하지만 그 사연으로 인해 뜨거운 뙤약볕에서 물을 구하는 이도 있을 것이고, 당당하게 자신의 사연을 전하며 소명을 행하는 이도 있을 것이다. 지금껏 우리의 사연이 우리를 불편하게 하고 움츠러들게 했다면, 이제는 그것을 놓아주자. 그리고 그것을 세상과 소통할 수 있는 통로로 이용해보자. 사연이 눈물로 끝나는 사람이 있고, 사연이 소명으로 승화되는 사람도 있다.

31

국도의 미학을 즐겨라

나는 강의를 위해 지방을 자주 다닌다. 1년에 보통 7만 킬로미터를 뛴다. 강의를 시작한 지 8, 9년이 되었는데, 5년 전까지 내 최고의 가치는 속도였을 정도로 나는 빨리 가는 것에 집착했다.

그러던 어느 날 내비게이션이 길을 잘못 안내하여 국도를 타게 되었다. 빨리 가지 못한다는 마음에 내비게이션에 대고 한참을 투덜거렸다. 그러다 문득 창밖을 보니 고속도로에서는 보이지 않던 것들이 보이기 시작했다.

늦가을, 감나무에는 어느새 잎이 다 떨어지고 몇 개 남지 않은 감이 외로이 매달려 있었다. 새파란 하늘과 어우러진 그 다홍빛이 얼마나 선명한지 나도 모르게 창밖으로 손이 뻗어졌다. 손끝으로 나뭇잎과 흙길이 전해주는 상쾌한 바람이 느껴졌다. 그것은 확실히 고속도로의 탁한 바람과는 다른 느낌이었다.

그날 이후로 나는 종종 국도를 달린다. 비가 오는 날에는 잠시 차를 세우고, 비 냄새를 맡기도 한다. 가끔씩 비는 고향 제주 바다의 냄새를 전해주기도 하는데, 그럴 땐 흐뭇한 미소가 입가에 흐른다. 날씨가 화창한 날엔 가로수 길게 뻗은 시골길을 잠시 걷다 그 풍경을 사진에 담아오기도 한다. 배가 고플 땐 '맛집'에 들러 식사를 한다. 그 맛은 고속도로 휴게소 음식과는 비교도 안 될 만큼 환상적이다. 이 모든 것은 속도를 줄인 국도가 선물하는 신비한 세상이며, 돈으로 환산할 수 없는 즐거움이다.

삶에도 고속도로와 국도가 있다. 고속도로를 탈 때는 그 속도감이 좋다. 시속 100킬로미터가 넘게 달리기도 하면서 목적지에 빨리 도달할 것을 기대한다. 하지만 삶의 모든 순간이 빠른 속력을 낼 수 있는 고속도로일 수는 없다. 우리는 때로 삶의 국도를 달리기도 한다. 국도는 고속도로만큼 속력을 낼 수 없다. 하지만 고속도로에서 만날 수 없는 정경들을 만날 수 있

고, 그 아름다운 정경들은 빨리 가는 것만큼이나 중요한 가치
가 되기도 한다.

 오직 속도에만 가치를 두는 사람들은 이런 순간 불평과 불
만이 터져나오고, 조급한 마음에 불안해지기도 한다. 그들은
국도를 보아도 그것이 신비한 선물인 줄 모른다. 심지어는 쌩
쌩 달리는 고속도로에서조차 쫓기듯 불안하다. 그들에게 행복
은 아주 먼 곳에 있어 늘 쫓아가기만 해야 하는 그런 것이다.
하지만 삶의 국도를 즐길 줄 아는 사람들은 그들의 시선이 머
무는 곳곳에, 그들의 발길이 머무는 모든 것에 행복이 있음을
이미 알고 있다.

32

깊은 산속 옹달샘에 들러라

숲 속에 사는 동물들은 상처를 입으면, 아주 깊은 숲으로 가서 먹지도, 활동하지도 않으며 그저 가만히 있는다고 한다. 그렇게 하면 대부분 회복이 된다. 아마도 혼자만의 시간과 공간을 가짐으로써 나쁜 기운을 멀리하고, 스스로 좋은 에너지를 만들어내는 힘을 키우기 때문일 것이다.

사람도 마찬가지다. 거칠고 탁한 숨을 고르고 새로운 에너지를 얻는 저마다의 '성소'가 따로 있다. 그것은 굳이 공간이 아니어도 된다. 과거의 아름다운 추억일 수도, 슬며시 어깨에 손만 올려도 힘이 나는 '그 사람'일 수도, 한적한 시골의 오솔길일 수도 있다. 그것이 무엇이든, 우리의 지친 마음에 휴식을 주고 새로운 에너지를 얻을 수 있는 '깊은 산속 옹달샘'이 있다는 것은 행복한 일이다.

나는 일주일에 한 번씩 이훈 교수님에게로 가 성악 레슨을 받는다. 그곳은 지난 14년 동안 마음의 평온함을 얻고 목마름을 해결하는 나만의 '깊은 산속 옹달샘'이다. 나는 교수님의 레슨을 통해, 지금 내가 어디에 있는지, 내 호흡의 위치가 어딘지 확인하게 된다. 그리고 노래하는 법을 배운다. "사람은 살듯이 노래한다."는 그분의 가르침처럼 노래하는 법은 자기 에너지를 경영하는 법이고, 삶을 사랑하는 법이고, 관계를 맺는 법이다. 그래서 이것들은 머리가 아닌 몸으로 배워야 한다.

연구에 의하면, 크고 작은 문제를 해결하고 영감을 받는 장소는 대부분 침대맡이나 화장실, 샤워할 때 등 '단순한 곳'이라는 공통점이 있다. 그리고 사람들은 이곳에서 복잡한 머리의 활동이 아닌, 몸이 편안하게 이완되는 행위를 한다. 절에서 화장실을 '해우소'라 부르는 것만 보아도 이런 단순한 장소나 행위가 우리의 몸과 마음을 얼마나 평온하게 해주는지 잘 알 수 있다.

해우소는 '근심을 덜어내는 곳'이라는 뜻이다. 근심한다는 것은 오지 않은 시간과 장소에 자기 마음을 갖다 댄다는 의미다. 그리고 이러한 근심은 긍정적인 염려라기보다 부정적이거나 쓸데없는 것들일 때가 많다. 혼자만의 공간에서 덧없는 근심들을 덜어내다 보면, 정말 중요한 것이 무엇이며, 그것들을 위해 우리가 무엇을, 어떻게 해야 할지 영감을 얻을 수 있다.

영감이란 크게, '내 안에서 일어나는 것'과 '외부에서 들어오는 것'으로 나눌 수 있다. 먼저 '내 안에서 일어나는 것'은 내 안의 좋은 것들이 서로 조합되는 것을 의미한다. 사람들은 이미 자기 안에 좋은 것들이 있는데, 그것들이 서로 연결되지 않는 경우가 많다. 그런데 육체적으로 이완이 된 상태에서는 내 안의 좋은 것들이 서로 잘 연결된다. 이때 영감이 발생한다.

두 번째 영감은 '외부에서 들어오는 것'이 있다. 다른 이의 삶을 통해, 혹은 자연의 자극을 통해 새로운 것을 배우고 깨닫는 것이다. 그런데 이러한 외부의 것들이 들어오려면 먼저 내 안이 비워져 공간이 있어야 한다. 부드럽게 이완된 상태에서 내 안의 공간을 마련하고 배울 자세를 갖추면 스승은 저절로 나를 찾아온다. 이때는 흐르는 물도, 스치는 바람도 모두 나의 스승이 된다. 스승은 이미 있지만, 내가 배우려고 하지 않으면 스승의 소리를 들을 수 없다. 똑같은 것을 보아도 깨닫는 이와 깨닫지 못하는 이가 있는 것은 바로 이 때문이다.

영감을 얻고 평온함을 얻기 위해서 분주하지 않은 자신만의

'깊은 산속 옹달샘' 하나쯤은 갖는 것이 좋다. 내가 누구인지, 그리고 지금 무엇을 해야 하는지를 알기 위해서는 모든 것을 비운 그곳에서 나의 내면의 목소리를 들어야 한다. 침묵 속에서 자신의 내면의 목소리를 듣는 장소, 이곳이 바로 '깊은 산속 옹달샘'이다. 이곳에서 숨을 고르다 보면 외부의 에너지에 흔들리지 않는 나의 중심이 만들어진다. 이러한 삶의 중심은 돈, 인기, 영향력, 분주한 삶, 스트레스에서 자유로워지고, 평화로움과 편안함을 얻게 해준다.

나의 옹달샘은 어디인지, 나는 그곳을 얼마나 자주 찾는지 되돌아볼 일이다.

33

든든한 울타리를 만들어라

강의를 하다 만난 사람 중에 정해진 시각에 기도를 하는 수녀님이 한 명 있다. 대구 파티마 병원에서 강의를 마친 후, 병원의 사무처장님과 식사하기 위해 자리를 옮길 때였다. 그때 사무처장님이 한 수녀님을 소개해주었는데, 나는 당연히 그분도 함께 식사를 할 줄 알았다. 그런데 수녀님은 식당 앞에서 조용히 인사를 하며 말했다.

"죄송합니다. 지금은 제가 기도 시간이라 함께 식사를 할 수 없겠네요. 맛있게 식사하고 가십시오."

수녀님의 목소리는 흐르는 냇물처럼 맑고 청아했다. 그 냇물은 제때에 행하는 그의 기도처럼 전에도 흘렀고 지금도 흐르면서 앞으로도 흐를 것 같았다.

때가 되면 기도하고, 때가 되면 쉬고, 때가 되면 먹는 것이 좋다. 그것이 건강한 삶이다. 하지만 우리는 때에 맞춰 하는 것이 아니라, 결핍되면 하는 경향이 있다. 일을 하다 죽을 것 같을 때 쉬고, 뭔가 힘든 일이 생겨 마음이 간절해질 때만 기도하고, 배가 고플 때만 먹기도 한다.

물론 수많은 변수들에 노출되어 사는 우리가 무언가를 때 맞춰 하기란 쉬운 일이 아니다. 누군가 불쑥 찾아와 시간을 뺏을 수도, 혹은 예상치 못한 일이 터져 그럴 만한 마음의 여유가 없을 수도 있다. 그렇기 때문에 때에 맞춰서 하는 것을 조금씩 훈련해나가는 것이 중요하다. '상황이 되면 할 거야.'가 아니다. 그러한 상황은 결코 오지 않는다. 우선은 작은 것이라도 제때에 하는 습관을 들이는 것이 중요하다. 하루든, 일주일이든, 한 달이든 정해진 그 시간에 무언가를 하는 것이다.

"지금은 책 읽는 시간입니다."

"지금은 기도할 시간입니다."

"지금은 산책하는 시간입니다."

얼마나 멋진가. 삶이 건강한 우리에겐 질병이나 나태, 교만, 우울과 같은 나쁜 손님이 들어올 수 없다. 든든한 울타리가 있기 때문이다.

34

그들과 같은 옷을 입어라

나는 패션에 관심이 많고, 옷 입는 것을 좋아한다. 그래서 강사치고는 색깔 있게 옷을 입는 편이다. 얼마 전 교도소에 강의를 갔는데, 그날도 평소처럼 옷을 입고 갔다. 아니, 오히려 더 스타일 있게 입고 갔던 것 같다. 전체적으로 점잖았지만 색이 강렬한 캐주얼에 스웨이드 신발을 신었다. 그런데 아뿔싸! 그곳은 교도소였고, 강의를 듣기 위해 앉아 있는 사람들은 자기 이름도 아닌 숫자가 적힌 수의를 입은 재소자들임을 미처 생각하지 못했다. 그들 앞에 서는 순간 아차 싶었다.

패션과 스타일에 관해서는 자부심 같은 것이 있었는데, 그날 나의 패션은 너무나도 부끄러웠다. 마음 같아서는 입고 있던 옷을 모두 찢어버리고 싶은 심정이었다. '소통'을 이야기하러 온 강사가 청중과 전혀 연결되지 않는 복장을 하고 무대에 선 것이다. 그들은 나의 이야기보다 내 바지, 양말, 신발에 시선을 둔 채 못마땅한 얼굴로 앉아 있었고, 짐작대로 강의는 쉽게 풀리지 않았다. 한 시간이 넘게 광대 역할과 나를 망가뜨리는 블랙코미디를 하고 나서야 그들의 마음을 조금 움직일 수 있었다.

100년 전, 외국의 선교사들이 우리나라를 찾았을 때 그들은 우리 민족과 소통하기 위해 상투를 틀고 한복을 입었다고 한다. 한국 이름을 쓰고, 젓가락 쓰는 법을 배웠다. 소통의 옷을 입은 것이다.

누군가와 소통하고 싶다면, 그들과 같거나 조금은 덜한 옷을 입어야 그들 안으로 들어갈 수 있다. 소통은 그들과 같은 마음으로, 그들의 언어로 해야 하는 것이기 때문이다.

35

가끔 마음의 약도 먹어라

나는 식사 때만 되면 행복하다. 시장하기에 밥은 맛있고, 비웠던 속이 채워지며, 에너지를 얻을 수 있으니 무슨 종류의 밥이든 다 내 몸에 약이 된다. 하지만 때로는 밥으로도 안 될 때가 있다. 이때는 밥이 아닌 정말로 약이 필요한 때다.

그런데 약은 밥처럼 맛있지도 않고, 당장 어떤 에너지도 주지 않으며, 가끔은 빈속을 더욱 쓰리게 만들기도 한다. 그래서 맛에 예민한 아이들은 약 먹기를 거부하는 경우가 종종 있다. 하지만 엄마들은 강제로 아이의 얼굴을 붙잡고서라도 아이에게 약을 먹이려 애쓴다. 약을 먹어야만 아이가 병에서 회복될 수 있기 때문이다.

물론 어른들에게도 약을 먹는 일이 그리 유쾌하지는 않다. 나 역시 약을 먹을 땐 저절로 미간이 찌푸려진다. 하지만 살다 보면 약을 먹어야 할 때가 있다. 그래야 빨리 낫고, 다시 건강해진다.

　내 몸이 균형을 잃어 병에 걸리면 약을 먹듯, 마음도 균형을 잃어 병에 걸리면 약을 먹어야 좋다. 밥이 듣기 좋고, 달기도 한 '칭찬'이라면, 약은 듣기 싫고, 쓰기도 한 '욕'이다. 물론 여기서 말하는 욕은 육두문자나 저주의 말이 아니라, 진정으로 낫길 바라는 마음에서 보내는 집약되고 명확한 치료제로서의 '욕'을 의미한다.

　혹여 부끄러운 잘못을 했거나 마음의 균형이 깨져서 '욕'이라는 약을 먹어야 할 때, 분명 그것은 쓸 것이다. 하지만 이는 순간이다. '욕'이 미각을 느끼는 혀를 지나가면 쓴맛은 이내 사라진다. 그러니 '욕'을 먹을 땐 아이처럼 밀어내거나 거부하지 말고, 몸에 힘을 빼라. 그러면 짧게 넘어간다. 그리고 삶으로 잘 받아들여 소화시키다 보면, 머지않아 그 약은 마음의 균형을 찾게 해주고 더욱 건강하고 기분 좋은 마음 상태를 만나게 해줄 것이다.

36

리액션하라

주부들이 즐겨 보는 아침 토크쇼 방송에서는 강사료보다도 더 비싼 돈을 주고 방청객들을 고용한다. "아하!" "어~" "하하!"와 같은 리액션이 필요하기 때문이다. 이러한 리액션은 강사들의 기운을 돋우고, 시청자의 공감을 이끌어내는 데 큰 도움이 된다.

리액션 담당 방청객들 중에는 실장님이라 불리는 그들의 캡틴이 있다. 이들은 20년 가까이 그 일을 해온 프로 중 프로다. 어쨌건 이 캡틴의 지시에 따라 방청객은 리액션을 한다. 그래서인지 그들의 리액션은 어쩐지 어색하다. 가끔은 반 박자 느리기도 하고, 조금 빠르기도 하다. 자신의 마음을 따르는 자연스러움이 없기 때문이다.

그런데 세상에는 이런 어색한 리액션조차도 없는 경우가 허다하다.

"여보, 나 요즘 너무 힘들어."

어깨가 축 처져 들어온 남편이 긴 한숨을 내쉬며 내뱉은 이 한마디에, 아내는 눈초리를 올리며 쌀쌀맞게 대꾸한다.

"당신만 힘든 거 아니거든! 요즘 경기가 나빠서 다들 그렇게 힘들어."

경기가 나쁘든 좋든, 남들이 힘들든 말든, 남편은 그저 위로가 필요했을 뿐이다.

"많이 힘들지? 난 당신 보면 늘 대단하다는 생각이 들어. 당신이니까 그거 해내는 거야. 다른 집 남자들은 어림도 없어. 포기해도 벌써 포기했지. 안 그래?"

그 한마디면 다시 힘이 날 것 같은데, 야속한 아내는 세상에 힘들지 않은 사람 없다며 두 주먹 더욱 불끈 쥐라는 말만 읊어댄다. '스위트홈'은 온데간데없고, '집구석'만 남은 것이다.

리액션은 마음을 함께하는 힘에서 나온다. "우리 딸 힘들지? 엄마도 학교 다닐 때 힘들었는데. 오늘 하루 학원 쉬고 엄마랑 꽃구경 갈까?"라고 해주어야 한다. "너만 힘든 것 아니야. 요즘 수험생들 다 그렇게 힘들어."라는 말은 전혀 도움이 되지 않는다.

제 몸 하나도 가누기 힘든 더운 중동 지역에서 낙타는 하루 종일 손님을 태우고 가면서 엄청난 스트레스에 시달린다. 이러한 낙타를 달래기 위해 가이드는 밤이 되면 그날 태운 손님의 두건을 낙타에게 던져준다. 그러면 낙타는 그 두건을 밤새 질근질근 씹어버린다. 낮에 자신을 힘들게 했던 손님에 대한 분풀이다. 다음 날 아침, 낙타는 언제 그랬냐는 듯 다시 손님을 태우러 간다.

가이드가 낙타에게 "그게 원래 네 역할이야!"라며 윽박지르거나, "힘들어도 참아야지."라고 달래기만 했더라면 어땠을까.

어쩌면 냉철하고 객관적인 말이 상대에게 도움이 될 것이라 생각할 수도 있다. 하지만 마음이 힘든 그들은 머리가 아닌 마음과 소통하기를 원한다. 그들에게 필요한 것은 그들과 마음을 같이하는 아름다운 리액션이다.

37

자존감을 가꿔라

세상에서 단위면적당 가장 많은 돈이 드는 것이 여자의 얼굴이라는 우스갯소리가 있다. 당신이 여성이라면, 당신 역시 좋은 화장품을 쓰고, 정기적인 마사지를 하는 등 얼굴에 꽤 많은 시간과 정성을 기울일 것이다. 그만큼 당신은 소중하기 때문이다.

'얼굴'이라는 단어는 그 어원이 '얼꼴'에서 비롯되었다고 한다. 즉, 얼굴은 정신을 뜻하는 '얼'과 형상을 뜻하는 '꼴'이 합쳐진 말인 것이다. 그러하니 제아무리 값비싼 화장품이나 성형으로 '꼴'을 다듬어도 '얼'이 곱지 않은 사람은 결코 아름답다는 느낌이 들지 않는다. 그것은 마치 색과 모양은 화려하나 향기가 없는 조화와도 같다. 그래서 진정 자신을 소중하게

117

여기는 사람들은 '꼴' 못지않게 '얼'을 가꾸는 데도 열심이다.

얼, 즉 좋은 정신과 아름다운 마음은 그 단초가 먼 곳에 있지 않다. 나를 소중히 여기는 마음이 타인을 소중히 여기는 마음으로 발전하고, 이것은 곧 고운 향기가 나는 얼로 가꾸어진다.

오래전 미국의 한 마을에 천연두가 발생한 적이 있다. 백신이 개발되기 전이라 이 돌림병은 마을의 거의 모든 아이들을 죽음으로 몰아갔다. 다섯 살 소녀 그레이스도 예외가 아니었다. 얼굴에 열꽃이 피고 고열이 지속되었다. 천연두로 인해 이미 그레이스의 오빠와 동생을 잃고 난 뒤라, 엄마는 어떻게든 그레이스만은 살려야겠다는 마음이 강했다. 그래서 엄마는 그 열꽃 하나하나를 뾰족한 것으로 파냈다.

다행히 천연두는 나았지만, 그레이스의 얼굴에는 지울 수 없는 흉터들이 남게 되었다. 그레이스가 학교를 다닐 나이가 되자 가족들은 도시로 이사를 가게 되었다. 짓궂은 남자아이들은 그녀를 '괴물'이라 놀려댔고, 그레이스의 마음은 더욱 상처를 받았다.

"얘야, 네가 얼마나 소중한 아이인지 한번 들어보렴."

엄마는 눈물로 얼룩진 그레이스의 얼굴에 입을 맞추며 이야기를 시작했다.

"네가 어렸을 적에 천연두라는 큰 병에 걸린 적이 있었단다. 그 병은 네 오빠와 동생의 생명을 빼앗아갔지. 이웃의 많은 아이들도 죽었단다. 하지만 하나님이 너만은 살려주셨단다."

"왜요?"

그레이스가 눈물을 멈추고 엄마에게 물었다.

"넌 소중하니까. 그리고 네가 얼마나 소중하고 귀한 아이인지를 기억하라고, 하나님께서는 네 얼굴에 천연두 자국을 남기셨단다. 그래서 이건 네가 아주 특별하고 소중하다는 표시야. 네 이름이 그레이스, 즉 '갚을 수 없는 선물'인 이유이기도 하지."

엄마는 그레이스의 얼굴을 어루만지며 말을 이었다.

"하나님이 너를 소중히 여기는 만큼 너 역시 자신을 소중히 여기고, 다른 이들을 소중히 여기며 살아야 한단다."

엄마의 이야기를 들은 그레이스는 '괴물'에서 '갚을 수 없는 선물'이 되었고, 자신을 소중히 여기는 자존감을 깊이 새기게 되었다. 그레이스는 자신을 소중히 여기는 만큼 타인을 소중히 여기라는 엄마의 말을 기억하며 훌륭한 어른으로 성장하였다.

그녀는 하버드 로스쿨에 들어갔고, 한번은 파티에서 마음에 드는 남학생을 발견하고는 먼저 다가가 말을 걸었다. 그녀의 얼굴에 실망한 남학생은 노골적으로 싫은 기색을 드러냈다. 하지만 그녀는 당당하게 웃으며 말했다.

"당신의 반응은 당연합니다. 하지만 제 얼굴에 대해서 이야기할 시간을 좀 주세요."

남학생은 대답도 하지 않고 그녀 앞에서 도망치듯 사라졌다. 그리고 얼마 후 그레이스는 다시 그 남학생과 마주치게 되었다.

"제 얼굴에 대해서 이야기할 시간을 좀 주세요."

여전히 밝고 당당하게 이야기하는 그레이스의 모습에 남학생은 결국 그녀의 이야기를 들어주게 되었다.

이후로 그들은 좋은 만남을 유지해나갔고, 마침내 결혼에까지 이르게 되었다. 그후 남편은 미국 상원의원이 되었고, 그레이스는 하원의원이 되었다. "넌 아주 특별하고 소중하다."는 어머니의 한마디가 아이의 인생을 바꾼 것이다.

꽃은 우리가 그것을 '꽃'이라 불러주었을 때 비로소 꽃이 된다. 사람도 마찬가지다. 꼴이 잘났든 못났든, 나는 여전히 소중한 존재이고, 그것을 내 안에서 인정해주어야 비로소 나는 소중한 존재가 된다.

"넌 정말 대단해!"

"넌 정말 특별해!"

"넌 너무나 소중해!"

사랑, 칭찬, 인정 등의 긍정 에너지는 '얼'을 가꾸는 소중한 자양분이 된다. 화장품으로 따지자면 영양크림과 에센스 같은 역할이다. '꼴'이 특별히 잘나지 않아도 아름다워 보이는 사람은 '얼'을 잘 가꾼 사람이다. 그들은 민낯에서도 빛이 난다. 사랑받은 사람 특유의 '아우라'가 넘치기 때문이다.

38

자신의 파이 한 조각을 남겨둬라

"**할**머니, 전 할머니를 보내드릴 수 없어요."

손자는 할머니의 손을 붙잡으며 눈시울을 붉혔다.

죽음을 앞둔 할머니는 손자의 눈물을 닦아주며 말한다.

"삶이란 마치 파이와 같지. 부모님께 한 조각, 사랑하는 사람에게 한 조각, 아이들에게 한 조각, 일에 한 조각. 그렇게 한 조각씩 떼어주다 보면 삶이 끝날 때쯤엔 자신을 위한 파이를 한 조각도 남겨두지 못한 사람도 있단다. 그리고 처음에 자신이 어떤 파이였는지조차 모르지. 난 내가 어떤 파이였는지 알고 있단다. 그것은 우리 각자가 알아내야 할 몫이지. 난 이제 내가 누구인지 알면서 이 생을 떠날 수 있단다."

할머니의 미소에 손자의 얼굴이 조금씩 평온해진다. 손자는 말한다.

"내가 죽을 때쯤엔 나도 할머니처럼 나 자신이 누구인지 알게 되기를 바라요."

할머니는 몸을 숙여 손자의 귀 가까이에 대고 마치 비밀 이야기라도 하듯 낮게 속삭인다.

"네가 어떤 파이인지 알기 위해 죽을 때까지 기다릴 필요는 없단다."

엘리자베스 퀴블러 로스의 《인생 수업》에 나오는 이야기다. 죽음을 앞둔 이의 눈빛은 갓 태어난 아이의 눈빛처럼 맑고 순수하다. 그들의 눈은 세상의 수많은 덧없음을 내려놓고 가장 소중한 것들만 담고 있기 때문이다. 그래서 그들이 들려주는 마지막 이야기는 세상 그 어떤 철학자의 말보다도 진솔하고 깊다.

죽음을 앞둔 이들이 가장 많이 후회하는 것 중의 하나가 "나를 더 많이 사랑했더라면", "내가 진정으로 하고 싶었던 것을 했더라면"과 같이 자신과 관계된 것들이다. 가족, 친구, 심지어 애완견에 이르기까지 자신의 파이를 온통 나눠주기만 한 그들은 그제야 자신의 손에 제 몫의 파이가 없음을 깨달은 것이다. 하지만 안타깝게도 그들에게 주어진 시간은 잃어버린 파이를 찾기엔 턱없이 부족하다.

이야기 속 할머니의 말처럼 우리가 그것을 알기 위해 죽을 때까지 기다릴 필요는 없다.

"내 인생에 가장 중요한 것은 무엇인가."

"내가 진정으로 하고 싶은 일은 무엇인가."

"내가 추구하는 나의 모습은 과연 어떤 모습인가."

어쩌면 삶이라는 소풍은 우리가 생각하는 것보다 훨씬 빨리 끝날 수 있다. 하지만 그 소풍 길에서 소중한 무대를 만들고, 신명나게 내 삶의 한 조각 퍼포먼스를 펼쳤다면 그 소풍은 아름다웠다 할 것이다.

39

강에서 바다로 흘러라

강은 바다를 만나기 전까지 제가 바다인 줄 안다. 그리고 바다를 만나면 그제야 제가 강임을 깨닫고는 한없이 작아지고 부끄러워진다. 하지만 강은 바다를 만나야지만 비로소 바다로서 새롭게 시작할 수 있다. 그래서 '부끄러움'은 단순한 수치스러움이 아니라, 바다와 같은 근원을 만나 새로운 나로 다시 태어나는 일련의 과정인 것이다.

대학 시절, 나는 연기 수업 교수님으로부터 "네 연기는 천박하다"는 말을 들었다. 너무나 부끄럽고 수치스러웠다. 조금 돌려 말해도 될 것을 왜 그렇게 직설적으로 말했는지 원망스럽기까지 했다. 그런데 얼마 지나지 않아 그것이 오히려 다행

125

이라는 생각이 들었다.

어린 시절부터 교회에서 연극을 할 때면 늘 주연만 도맡아 했던 나는 나름 연기에 자신이 있었다. 그런데 돌이켜보니, 나는 진심으로 그 역할에 공감하기보다는 그저 멋있어 보이기 위해, 인정받기 위해 목소리에 힘을 싣고 과장된 몸짓을 했던 것에 불과했다. 끼는 있는데 철학이 없었던 내 연기는 가볍다 못해 천박하기까지 했던 것이다.

강이 바다인 줄 알고 제 잘난 맛에 연기를 했던 나는 '부끄러움'을 경험한 이후 더 큰 세상과 만났다. 그리고 지금 이 순간, 나는 많은 사람들에게 진정한 나만의 퍼포먼스를 펼치고 있다.

삶의 어느 순간 작아지고 부끄러워지는 자신을 경험할 수 있다. 하지만 그런 순간이 오더라도 속상해하거나 좌절할 필요는 없다. 그것은 더 큰 바다를 만난 우리가 그제야 내가 강이었음을 깨닫는 데서 오는 당연한 과정일 뿐이다. 그 부끄러움의 끝에서 바닷속으로 완전히 흘러들어간 우리는 곧 거대한 바다의 일부가 된다.

40

소 · 통 · 하 · 려 · 면

열등감의 때를 벗겨라

현대인은 매일 샤워를 한다. 아침저녁으로 열심히 몸에 묻은 먼지를 씻어낸다. 그러다 가끔은 날을 잡아 묵은 때를 밀기도 한다. 어린 시절 엄마 손에 이끌려 대중탕으로 향하던 그때를 회상하며 앞판 뒤판 부지런히, 꼼꼼히 때를 민다. 그렇다면 마음은 어떠한가. 마음도 몸처럼 부지런히 샤워를 하고 때를 밀어주는지.

우리 마음에도 때가 있다. 이것을 벗겨내지 않으면 마음이 흐르는 것을 방해하여 병을 가져온다. 특히 비밀스런 곳에 있는 묵은 때는 세상의 아름다움에 눈멀게 한다. 이것을 벗겨내지 않으면 딱딱하게 굳어버려 나를 상처 내고, 상대를 상처 내는 예리한 흉기가 되고 만다. 그 대표적인 것이 바로 열등감이다.

몸의 때를 너무 오래 두면 때가 아니라 살처럼 느껴진다. 처음에는 불면 날아갈 정도의 아주 가벼운 먼지였을 것이다. 하지만 씻지 않고 오랜 시간 그냥 내버려두면 몸에 철썩 달라붙어서 잘 떨어지지 않는다. 그러다가 결국엔 두껍게 붙어버려 남세스런 일이 발생하게 된다.

열등감도 오래 두면 마음을 굳게 만든다. 그리고 이것은 반드시 표정으로 드러난다. 표정이 얼음처럼 딱딱하게 굳기도 하고, 때로는 지나치게 오버하기도 한다. 아닌 척, 있는 척, 아는 척, 센 척, 아무 문제 없는 척해야 하기 때문이다.

스무 살이 훌쩍 넘어서까지 나는 이런 '척'한 가면을 쓰고 살았다. 그리고 우연한 기회에 나는 그것의 바닥을 들여다보게 되었다. 자신의 열등감을 감추고 자존심을 지키기 위해 초등학교 1학년 꼬마가 생애 처음으로 가면을 쓰던 장면을 맞이하게 된 것이다.

초등학교에 입학하고 얼마 지나지 않아 학교에서 '학생신상기록부'를 작성하게 되었다. 집이 자가냐 전세냐 월세냐, 텔레비전이 있느냐 없느냐, 차가 있느냐 없느냐 등등 별의별 것들을 다 적어야 했다. 있는 것보다 없는 것이 더 많았던 나는 자연히 상대적 박탈감을 느꼈고, 급기야는 부모님을 비롯한 가족들의 학력을 위조하기에 이른다.

어린 시절 중이염을 심하게 앓았던 아버지는 청각장애라는 후유증으로 소학교를 다니다 그만두었다. 집이 지독히도 가난했던 어머니는 동생들을 돌보기 위해 아예 학교를 다닐 수조차 없었다. 아버지, 어머니의 학력을 적는 칸을 한참을 들여다보며 고민하던 나는 옆 친구의 것을 슬쩍 훔쳐보았다. 그런데 그 친구는 아버지 '대졸', 어머니 '전문대졸'이라고 적고 있었다. 어린 나의 눈에 비친 그 친구는 너무나 당당하고 대단해 보였다. 그때까지 눈치만 보고 있던 나는 재빠르게 얼굴에 가면을 뒤집어썼다. 그러고는 뭔가에 홀린 듯 '고졸', '중졸'이라는 거짓을 써내려갔다.

가슴은 콩닥콩닥 방망이질을 해댔지만 얼굴은 웃고 있었다. 아무 일도 없는 듯, 세상에 거짓은 없는 듯 더욱 크게 웃고, 더욱 크게 떠들었다.

이후로 나는 심한 오버쟁이가 되어버렸다. 본래의 목소리보다 훨씬 높은 하이톤의 목소리를 내며 아무 문제도 없는 척, 행복한 척했다. 특목고 중의 특목고인 공고에 진학하고, 전문대에서조차 고배의 잔을 맛보면서 나의 얼굴은 더욱 이중적인 모습으로 굳어져 갔고, 목소리는 더욱 높아져 갔다. 아무도 나를 무시할 수 없을 정도로 센 척, 강한 척하며 굳은 표정을 짓다가, 때로는 아무 문제도 없는 척, 행복한 척 오버를 했다.

종이 한 장을 앞에 두고 심한 갈등을 겪고 있던 어린 나에게 누군가 "그건 열등한 일이 아니란다"라고 이야기해 주었더라면 얼마나 좋았을까. 그랬다면 나는 적어도 20여 년간 가면을 쓴 채 웃고 떠들며 강한 척, 괜찮은 척할 필요가 없었는데 말이다.

열등감은 물고기의 눈처럼 굴절된 시선으로 세상을 보게 한다. 세상이 온통 나의 '열등함'에만 집중하고 비난하는 듯 여겨져서 결국엔 자신의 아름다운 본질을 볼 수 없게 되는 것이다. 소그룹에서 만난 한 여인은 쉰이 넘은 나이에도 곱다는 말이 절로 나올 만큼 단아했다. 게다가 젊어서부터 열심히 일한 덕분에 남들이 부러워할 만큼의 살림도 일구어놓았다. 그럼에도 그분의 머릿속은 온통 '초졸'이라는 열등감으로 가득 차 있어 자신의 아름다운 본질을 보지 못했다.

가난한 살림의 맏이로 태어난 그는 그 시대의 장녀들이 그랬듯 동생들을 위해 많은 것을 양보해야 했다. 그는 자신이 양

130

보해야 했던 수많은 것들 중 학업에 대해서만은 유독 더 많이 억울해하고 부당해했다. 그러면서 아직도 연세 많은 어머니에게 원망 섞인 말들을 토해낸다고 했다.

"그때 나 중학교 좀 보내주지."

그는 3분 스피치 시간에 가끔 영어를 쓰기 시작했다. 대화 중간에 꼭 한두 개씩 어설픈 영어 단어를 끼워넣었다.

"이것은 나의 미스테이크예요."

"그것을 캄프라치하기 위해서는……."

나는 그가 안쓰러웠다. 열등감이라는 마음의 묵은 때가 그분을 상처 내고 있는 것이 속상했다.

솔직히 사람들은 그의 학력에 관심이 없다. 각자 자신의 삶에 더 집중하고 있다. 다른 사람들이 보기에는 그냥 아름답고 자신의 일에 열심인 사람인 것이다.

세상은 우리의 열등감에 관심이 없다. 우리의 몸매가 훌륭한지 아닌지, 부모가 대학을 나왔는지 무학인지, 집이 자가인지 전세인지, 우리가 초졸인지 대졸인지 관심 둘 만큼 여유가 없다. 관심을 두고 손가락질하는 사람은 오직 한 사람, 나 자신밖에 없다.

41

So what을 외쳐라

그 어떤 위로와 격려에도 불구하고 여전히 마음에 남아 있는 묵은 때가 있다면 이번에는 좀 더 당당하게 대처해 보는 것은 어떨까.

일본 프로야구 사상 최초로 개인통산 3천 안타 돌파라는 대기록을 세운 장훈 선수는 일본으로의 귀화를 거부한 한국인으로 유명하다. 귀화를 거부하는 그에게 한 일본인이 "도대체 그 이유가 뭐냐?"라고 물었다. 그는 당당하게 "나는 한국인이다."라고 대답했다.

당시 우리나라보다 몇 배로 잘나간다고 믿었던 일본인들은 장훈 선수의 당당함을 있는 그대로 인정해주지 않았다. 그들은 장훈 선수가 타석에 서기를 기다렸다가 "조센진 꺼져!"라고 외쳐댔다. 한두 명이었던 그 목소리는 순식간에 관중석 전체에서 울려댔고, 결국 장훈 선수는 배트를 내려놓고 다시 대기석으로 들어가고 말았다. 그리고 잠시 후, 관중석이 잠잠해지자 장훈 선수가 다시 타석에 섰다. 그리고 말했다.

"그래, 나 조센진이다. 그게 뭐 어떻다고!"

그러고는 날아오는 공을 향해 배트를 날렸다. 딱!

그 순간 모두의 입을 떡 벌어지게 하는 장외 홈런이 터졌다. 자신을 조센진이라고 욕하는 그들을 향해 장훈 선수가 통쾌한 한 방을 날린 것이다. 보란 듯이!

이 순간, 우리를 움츠러들게 만드는 수많은 마음의 묵은 때를 향해 소리쳐보자. '그래 나 한국 사람이다.' '우리 아버지 청각장애인이다.' '우리 부모님 무학이다.' '나 공고 나왔고 전문대도 재수해서 떨어졌다.' '그게 뭐 어떻다고!'

"So what?"이라고 외치며 속 시원한 장외 홈런을 쳐보자. 마음의 묵은 때가 떨어져나간 그 자리에 남은 '나', 당당하지 않은가.

42

소·통·하·려·면

물을 먹어라

내 고향은 제주도다. 그리고 나는 해병대 출신이다. 그래서인지 사람들은 내가 수영을 아주 잘할 것이라 생각했다. 물론 내 생각도 그들과 별반 다르지 않았다. 대학에서 정식으로 수영 수업을 받기 전까지는 말이다.

대학 시절, 무용과 여학생들이 많이 신청한다는 소문에 나는 겁도 없이 덜컥 수영 수업을 신청했다. 고향 바다에서 제나름 연마한 바다 수영 실력을 믿은 탓도 크다.

"김창옥 학생, 기초반!"

역시나 세상은 그리 만만하지 않았다. 수영 실력을 가늠하는 레벨 테스트에서 나는 기초반에 편성되었다. 그제야 나는 내가 그간 연마해온 물레방아 기법, 조스 기법 등이 수영의 룰을 벗어나도 한참을 벗어난 것임을 알게 되었다.

해병대의 고된 훈련 덕분인지 그 시절의 나는 나름 탄탄한 몸매를 소유하고 있었다. 게다가 생전 처음으로 구입한 멋들어진 삼각 수영복까지 갖춰 입으니 스타일 하나만큼은 여느 수영 선수가 부럽지 않았다. 그런 내가 걸음마를 배우듯 수영의 기초부터 배워나가야 한다는 말에 애꿎은 가슴 근육만 탓했다. 차라리 동기들처럼 배 둘레에 넉넉한 지방이라도 있다면 그 쑥스러움이 덜할 것이라는 생각까지 들었다.

"음~ 파!"

수영에서는 기초 체력 다음으로 중요한 것이 호흡법이다. 강사는 나에게 수영의 호흡법인 "음~ 파!"를 훈련하라고 했다. 그러기 위해서는 물에 얼굴을 넣어야 한단다. 한 번도 물에 얼굴을 넣고 수영해본 적이 없었던 나로서는 겁이 날 수밖에 없었다. 그러니 자연적으로 고개는 들리고, 다리는 물 아래로 빠져들었다.

"우웩!"

물을 한 바가지나 먹은 나는 기겁을 하며 버둥거렸고, 그럴수록 물은 코로 입으로 마구 쏟아져 들어왔다.

"수업을 바꿔주세요."

수업이 거듭될수록 물을 먹는 양이 줄기는커녕 늘기만 하자 나는 급기야 강사를 바꿔보기로 했다. 하지만 강사가 바뀌어도 나의 호흡법은 나아지질 않았다.

"학생은 일단 내 말을 안 믿습니다. 학생은 자신의 몸에 익숙해진 방법으로만 배우려 해요. 학생이 새로운 수영법을 배우려면 일단 나를 믿어야 합니다."

"네, 선생님을 믿겠습니다."

선택의 여지가 없었던 나는 선뜻 그러겠노라 약속했다.

"그러면 두 번째, 물을 좀 먹으려고 해보세요. 학생의 가장 큰 문제는 물을 안 먹고 새로운 수영법을 배우려는 데 있습니다. 물 좀 먹는다고 안 죽어요. 하지만 물을 안 먹으려 하면 결코 새로운 수영법을 배울 수 없습니다."

새로운 세상을 만나려 하면서 기존의 나를 버리지 않으니 물을 먹고, 겁을 먹는 악순환이 반복된 것이다.

결혼을 앞두거나 취업을 앞두고, 혹은 새로운 사업을 구상하며 골치 꽤나 아프다면, 그것은 물을 먹지 않으려는 데서 오는 당연한 번민이다. 그 물은 우리가 새로운 삶의 단계로 넘어가기 위해 반드시 먹어야 할 물이다. 자전거를 배울 때도 무릎이 세 번은 깨져야 한다. 넘어질 것을 걱정하고, 무릎이 깨질 것을 걱정하여 자전거 타는 룰을 따르지 않으면 평생 가도 자전거 타는 법을 배울 수 없다.

수영도 마찬가지다. 물을 먹는 것이 두려워 수영의 룰을 따르지 않으면 평생 수영을 배울 수 없다. 언제까지 물레방아만 돌리는 동네 수영을 할 수는 없지 않은가. 그것은 추억으로 족하다. 삶이라는 긴 바다를 항해하려면 정말 괜찮은 룰이 필요하고, 그것을 따르면 먼 길을 아주 효율적으로 헤엄쳐 갈 수 있다.

43

닭다리를 챙겨라

일흔이 넘은 노부부가 이혼을 했다. 그것도 닭다리 하나 때문에. 자식들을 모두 출가시킨 노부부는 오랜만에 통닭 튀김을 배달시켰다. 할아버지는 여느 때처럼 텔레비전 앞에 앉은 채 할머니에게 무 담을 그릇을 가져오라 말했다.

할머니는 자리에서 일어나 말없이 주방으로 향했다. 그리고 잠시 후, 그릇을 가지고 다시 할아버지 곁으로 돌아왔다. 할아버지는 텔레비전에서 눈을 떼지 않은 채 열심히 닭다리를 뜯고 있었다.

할머니는 튀김 상자에서 주섬주섬 무언가를 찾다가 갑자기 자리에서 벌떡 일어났다. 그러고는 소리쳤다.

"내가, 내가 당신 같은 인간과 50년을 살았다니!"

난데없는 할머니의 고함 소리에 할아버지는 어안이 벙벙해졌다.

"이 할망구가 도대체 무슨 말을 하는 거야! 미친 거 아니야?"

"당신은 그렇게 평생을 내 닭다리까지 뜯어먹고 살았어! 이제 늘그막에 내 닭다리는 내가 먹게 남겨두면 어디가 덧나지?"

분명 두 개였던 닭다리가 모두 할아버지 입으로 들어간 것이다.

"닭다리가 그렇게 먹고 싶으면 한 마리 더 시키면 될 것을, 별것도 아닌 일로 웬 난리야!"

할아버지도 질세라 목소리를 높였다.

"별것도 아닌 일? 당신한테 평생 내 몫을 뺏기고 산 게 별것 아닌 일이야!"

할머니는 기어이 설움의 눈물을 쏟아냈다.

양보도, 배려도, 희생도 모두 아름답다. 하지만 삶의 마지막에 "내 닭다리 돌리도!"라며 억울해한다면 그것은 아무 의미 없는 양보며, 희생이다. 그보다는 차라리 "이것은 내 것이다!"

라며 내 닭다리를 당당히 챙겨야 한다. 억지로 착한 나보다는 당당하게 목소리를 내며 삶과 건강하게 소통하는 내가 훨씬 행복하다.

44

책가방에 집중하라

여섯 살에 초등학교에 들어간 나는 한동안 학교생활에 적응하느라 진땀을 흘려야 했다. 같은 반 친구들에 비해 나이도 두 살이나 어린 데다 신발주머니를 땅에 끌고 다닐 만큼 키도 작았기 때문이다.

아침만 되면 학교에 가기 싫다고 떼쓰는 통에 어머니 역시 힘들기는 마찬가지였다. 덕분에 처음 보름간은 어머니 등에 편하게 업혀 학교에 갈 수 있었다. 싫든 좋든 그렇게 학교에 다니다 보니 어느덧 학교생활에 적응하게 되었고, 친구들도 제법 생겨났다.

하루는 등굣길에 신발주머니를 안 가져간 적이 있었다. 친구들 만날 생각에 좋아서 서두르다 보니 깜빡하고 두고 온 것이었다. 겨울이어서 실내화가 없으니 발이 많이 시렸다. 책상 아래로 두 발을 열심히 맞비비며 "내일은 잊지 말고 신발주머니를 꼭 챙겨 와야지!" 생각했다.

다음 날 나는 전날의 다짐대로 신발주머니를 단단히 챙겼다. 그러고는 팔을 씩씩하게 휘두르며 학교로 향했다. 그런데 저만치서 나를 부르는 소리가 들려왔다. 어머니였다.

"야 이놈아, 너는 책가방은 안 가져가고 신발주머니만 들고 학교에 가냐?"

그러고 보니 내 손에는 신발주머니만 들려 있었고, 정작 중요한 책가방은 어머니 손에 들려 있었다.

삶이라는 학교에 다닐 때는 책가방도 필요하고, 신발주머니도 필요하다. 삶의 신발주머니는 눈으로 확인이 가능하지만, 책가방은 등에 지는 것이라서 가끔은 그것을 잘 가지고 있는지 확인하지 못하기도 한다.

삶의 책가방은 반드시 필요한 것이며, 그래서 결코 포기할 수 없는 것이기도 하다. 가족, 친구, 신앙, 꿈, 건강, 사랑 등이 그것이다. 그런데 삶의 신발주머니는 있으면 좋지만, 경우에 따라 포기하거나 없어도 되는 것이다.

책가방이 우리의 배역이라면, 신발주머니는 우리의 의상이
다. 삶은 공연과도 같아서 연기를 잘하는 배우에게는 의상이
제공되고 극장도 제공된다. 하지만 자신의 배역과 그에 걸맞
은 목소리는 배우 스스로가 찾고 만들어야 한다.

그런데 가끔 우리는 나의 배역, 목소리를 찾기보다는 주인
공 옷을 입고, 소품을 갖는 것에 더 집착할 때가 있다. 물론 어
떻게 해서 한두 번은 그것들을 얻을 수도 있다. 그러나 곧 그
자리를 뺏기고 만다. 그러고는 깨닫는다. 배역 없는 의상이나
소품은 아무런 의미가 없다는 것을.

나는 운동할 때면 항상 거기에 맞는 유니폼을 입는다. 아무
운동화나 신고, 아무 옷이나 입고 그 운동을 할 수는 없다. 그
래서 실력은 아마추어라도 장비는 가능한 한 모두 선수용을
산다.

하루는 선물로 받은 선수용 배드민턴 라켓을 들고, 가방도
신발도 모두 최고급을 걸치고는 동네 공원으로 나섰다. 그곳
에서는 종종 동네 아주머니들이 배드민턴을 치는데, 나는 그
들과 시합을 해보기로 했다. 결과는 당연히 나의 참패였다. 선
수용 라켓에, 제법 멋진 장비를 갖추고도 나는 다리가 풀리고
힘이 들어 낑낑거리는데, 그들은 7천 원짜리 라켓으로도 너무

나 잘 쳤다. 체력과 실력이 갖춰지지 않은 상태에서 선수용 라켓과 멋진 운동화만 믿었던 나 자신이 부끄러웠다.

운동의 본질은 체력과 실력이지 장비나 운동복이 아니다. 물론 운동도 잘하면서 장비도 좋으면 가장 좋다. 그러나 우선은 본질에 에너지를 충분히 쏟아야 한다. 신발주머니를 챙기는 것에 에너지를 쏟은 나머지 정작 중요한 책가방을 두고 오는 낭패를 겪지 않으려면 내 삶의 책가방을 챙기는 것에 집중해야 한다.

45

내가 나를 안아줘야 한다

살다 보면 기분이 바닥인 날이 있다. 수시로 던져주던 "어이, 당신 정말 대단해!" "당신 때문에 우리 회사가 돌아가는 것 같아"라는 달콤한 초코파이는 어느새 그 맛조차 가물가물해지고, 가뭄에 콩 나듯 들어오는 소개팅 자리에서조차 더 이상 애프터 제안은 없다. 애써 용기를 내어 "저, 어떻게 다음에 한 번 더……."라고 말해보지만 돌아오는 것은 어색한 미소뿐이다. 물론 나도 그녀가 썩 마음에 든 것은 아니었지만 말이다.

"오늘 술 한잔 어때?"

오랜만에 친구 녀석에게 전화를 걸어본다.

"어, 오늘은 좀 그러네. 아내 생일이거든."

"이런, 미안해서 어쩌냐. 우리 팀 회식이다."

손은 초조한 듯 전화기를 연신 만지작거린다. 혹시 미처 기억하지 못한 그 누군가가 전화를 걸어오지나 않을까, 그가 이 우울에서 구원해주지는 않을까 해서 말이다.

우울하고 또 우울한 날, 누군가의 진심 어린 위로가 간절하다. 초코파이가 아니어도, 애프터가 아니어도 상관없다. 그저, "괜찮아, 다 잘될 거야."라는 따뜻한 한마디가 그립다.

터벅터벅……

아무에게도 위로받지 못한 채 우울만 잔뜩 짊어지고 집으로 돌아오는 길, 가로등 불빛에 비친 그림자가 자꾸만 작아진다. 텅 빈 방 안으로 들어서며 그대로 주저앉는다. 수많은 고민과 우울의 무게에 눌려 스르르 무너져내린다.

"많이 힘들구나."

웅크려 누운 어깨에 누군가 손을 올리며 말을 건네온다. 그러고는 따뜻하게 안아준다.

토닥토닥……

결코 낯설지 않은 손이다.

누군가의 따뜻한 위로가 간절한 날, 기분 좋은 칭찬이 간절

한 날, 누구보다도 먼저 내가 나에게 위로와 격려의 말을 건네
보자.

"괜찮아, 괜찮아……. 다 잘될 거야."

46

고통을 넘어라

언젠가 멋진 산악자전거를 타고 가다 여학생들 앞에서 90도로 고꾸라진 경험이 있다. 순간, 영화의 한 장면처럼 나를 둘러싼 세상이 너무나 느리게 돌아갔다. 킥킥대는 여학생들의 비웃음 소리, 고꾸라진 나와는 상관없이 여전히 돌고 있는 자전거 바퀴, 허둥대며 일어서려 하지만 다시 꼬여버린 두 다리는 시간을 더욱 더디 가게 만들었다.

이처럼 고통의 순간, 시간은 유난히도 느리게 흘러간다. 그리고 그것은 우리를 더 고통스럽게 만들기도 한다. 대학 진학에 실패하고 도피하듯 지원한 해병대에서 나는 절대로 끝날 것 같지 않은 고통의 시간을 맛보아야 했다. 군기를 잡는다는 명분하에 이어지는 수많은 폭언과 폭행들. 하지만 분명한 것은 그 고통도 시간이 흐르니 지나가더란 것이다.

C. S. 루이스가 쓴 《고통의 문제》라는 책을 보면 그 첫 장에 이런 말이 나온다.

"세상에는 이루 헤아릴 수 없는 고통의 문제가 있다. 만약 세상에 신이 있고, 그 신이 전지전능한데, 신이 인간을 사랑한다면 고통은 왜 주시는 것일까."

그의 말처럼 세상에는 수많은 고통의 문제가 있다. 그런데 그 '이루 헤아릴 수 없는 고통'도 크게 보면 두 가지로 나뉜다. 첫째는, 내가 선택하거나 예상하지 않았던 고통이다. 갑작스런 사고나 질병, 이별 등이 그것이다. 두 번째는 내가 선택했지만 고통스러운 것이다. 순수한 내 의지로 선택한 학교, 전공임에도 그것이 나에게 고통을 줄 때가 있다. 너무 사랑해서 선택한 그녀인데도 고통으로 와닿을 때가 있다. 하지만 이미 선택한 것을 되돌리는 일은 고통을 견디는 것만큼이나 힘든 일이다. 그래서 결국은 신이 왜 인간에게 고통을 주었는지 되새겨볼 필요가 있는 것이다.

해병대 시절, 군대 교회에서 〈굶어 죽게 된 갈매기 떼〉라는 제목의 이야기를 접하게 되었다. 이야기는 이러하다.

미국 플로리다주의 한 작은 포구에 언젠가부터 갈매기들이 자꾸 죽는 일이 발생한다. 사람들은 혹시 나쁜 돌림병이라도 발생한 것은 아닌지 걱정이 되어 조사를 하게 되었다. 그 결과, 갈매기들은 병에 걸린 것이 아니라 굶어 죽었다는 것이 밝혀졌다.

그 마을의 갈매기들은 수백 년 전부터 포구에서 그물을 털면서 떨어진 새우나 작은 생선을 먹고 살았다. 여느 갈매기들처럼 힘들게 사냥을 할 필요가 없었던 것이다. 그런데 세월이 흐른 후, 포구에 문제가 생겨서 다른 마을로 어획지가 옮겨졌다. 그러자 갈매기들은 더 이상 그곳에서 먹이를 구할 수 없게 되었고, 결국 배고픔이란 고통 속에서 죽어갔다. 갈매기들에겐 고통을 극복할 충분한 힘이 있었음에도 의지가 없었기에 죽음이라는 더 큰 고통을 맞게 된 것이다.

지금의 고통이 영원할 것이라고 생각하는 사람들에게는 그 시간이 더 길게 느껴진다. 그리고 실제로 연장되기도 한다. 하지만 마음의 여유를 가지고, 찬찬히 고통의 중심을 들여다보면 분명 그것을 벗어날 수 있는 문이 보인다. 신이 인간에게 고통을 주실 때 그것을 벗어날 수 있는 문도 함께 주시기 때문이다.

물론 그 문을 발견하기가 쉽지 않을 수도 있다. 그 문은 우리 눈에 잘 띄지 않을 만큼 아주 작을 수도 있으며, 또 그 문을 찾았다 하더라도 그것을 여는 것 또한 힘이 들 것이다. 하지만 힘들이지 않고 얻을 수 있는 것은 그리 많지 않다. 힘이 들어야만 힘이 생긴다. 신은 우리에게 힘을 주기 위해 고통을 먼저 주신 것이니 말이다.

47

힘을 조절하는 힘을 가져라

언젠가 한번은 모 대학 경영대학원에서 주최하는 CEO 모임에 참석한 일이 있다. 같은 테이블에 연세 지긋한 분이 앉아 있었는데, 나는 호칭을 어떻게 해야 할지 몰라 어떤 일을 하는지 조심히 물었다.

"아, 과자 팝니다."

"네?"

과자를 판다는 말에 나는 의아한 듯 고개를 갸웃거렸다.

"과자 많이 잡수시죠?"

그는 그냥 허허 웃으며 별말이 없었다. 나중에 알고 보니 그는 국내 최고의 제과회사 회장님이었다.

그날 모임에는 그 외에도 국내 굴지의 기업 CEO들이 많이 참석했다. 그런 대단한 사람들을 볼 일이 별로 없었던 나는 그야말로 입이 떡 벌어졌다. 그리고 내심 부러운 마음도 들었다. 그들의 위치도 부러웠지만, 거기서 자유로워져 자신을 허물 수 있는 여유로움이 더 부러웠다. 그들에게는 성공 너머의 성공이 보였다.

보여줄 것이 없거나 적은 사람들은 자꾸만 보여주려 한다. 어떻게든 인정받고 싶은 것이다. 하지만 보여줄 것이 많은 사람들은 최소한의 것만 드러낸다. 그것만으로 충분하기 때문이다.

같은 베드신이 있어도 명작과 포르노 영화는 분명한 차이가 있다. 포르노 영화에서는 스토리가 중요하지 않다. 그냥 보여만 주면 된다. 보여주려는 목적으로 보여주는 것은 천박하기 짝이 없다. 필요에 의해 보여주어야만 비로소 가치가 있는 것이다.

인생도 마찬가지다. 억지로 보여주고, 과시하려고 하면 호흡이 가빠지고 근육이 경직된다. 그리고 신경과 혈관을 압박하여 뇌의 산소 공급이 원활치 않다. 게다가 상대방의 부정적인 반응, 즉 어색한 미소까지 보게 되면 스스로도 위축되고 만다.

보검일수록 칼집도 좋은 법이다. 칼집이 없는 칼은 두렵거나 흉하다. 비유하자면 망나니가 쓰는 칼이다. 칼은 능력이고 칼집은 성품이라고 했다. 능력은 뛰어나도 성품이 부족한 사람은 반드시 제 능력 이하의 평가를 받게 된다. 하지만 능력도 뛰어나고 성품도 올바른 사람은 자신의 능력보다 몇 배로 더 빛난다. 그래서 드러내고 싶은 것, 보여주고 싶은 것이 아무리 많아도 좋은 성품으로 그것을 다스리고, 내려놓을 줄도 안다.

성공하는 것보다 더 힘든 것이 그 성공에서 나를 내려놓는 것이다. '내려올 때 보았네. 올라갈 때 보지 못한 그 꽃'이라는 어느 책의 제목처럼 영광을 다 내려놓고 나면 꽃도 보이고, 나비도 보이고, 향기 나는 자신도 보인다.

좋은 차를 탄다는 것은 멋진 일이다. 하지만 그 좋은 차에서 자유로워지는 것은 더 멋진 일이다. 비싼 차를 타고도 주차 요원에게 "감사합니다. 주차 좀 부탁드리겠습니다."라며 고개 숙일 수 있는 사람이 멋지지 않은가.

48

마음의 소리에 반응하라

"**너** 젊었을 때 그거 하고 싶어 했잖아. 근데 그거 왜 안 했어?" 적당히 나이 들어, 적당히 안정된 어느 날 문득, 누군가가 물어온다. 그러고 보니 나에겐 미친 듯 가고 싶었던 길이 있었다. 물론 아주 오래전 일이긴 하지만, 분명 가슴을 뛰게 하는 그런 길이 있었다.

"하려고 했는데, 환경이 안 받쳐줘서 못 했어. 하지만 나 정말 열심히 살았어."

궁색한 변명을 늘어놓으며 쓸쓸한 미소를 짓는다.

"그래, 너 열심히 살았지."

그도 고개를 끄덕이며 열심히 산 것을 인정해준다. 그러나 바로 한마디 덧붙인다.

155

"근데 넌 비겁하게 살았어. 넌 죽을 것처럼 안 살았잖아."

삶은 공연과도 같다. 공연을 하는 배우처럼 인생이라는 긴 무대 위에서 퍼포먼스를 펼쳐간다. 공연이 끝나갈 무렵 우리는 스스로에게 묻는다.

"너의 공연은 훌륭했니?"

무대의 원칙은 단순하다. 나의 목소리, 즉 나의 메시지를 그들의 목소리로 전달하면 된다. 단, 죽을 것처럼 간절하고 열정적으로.

춤을 추고 싶은 그들을 향해 열정적으로 춤을 추면 되고, 노래를 부르고 싶은 그들을 향해 열정적으로 노래를 부르면 된다. 그러면 모두를 행복하게 하는 훌륭한 공연을 펼칠 수 있다. 물론 공연을 하는 나는 그들보다 몇 배로 더 행복하고 기쁨으로 충만하다.

그러므로 삶을 훌륭하게 공연하기 위해서는 '나'의 목소리를 찾는 것이 아주 중요하다. 목소리, 즉 'Voice'는 목소리라는 뜻도 있지만 재능, 천직, 소명을 뜻하는 'Vocation'의 어원이기도 하다. 그래서 나의 직업, 재능, 천직, 소명은 바로 내 마음의 소리에서부터 시작된다.

마음속에는 분명한 소리가 있다. 우리가 의미나 가치를 느끼는 것, 그것이 바로 소리다. 이는 당신의 마음에도 나의 마음에도 있다. 나는 고등학교 1학년 때 마음의 소리를 처음으로 들었다. 〈미션〉이라는 영화를 보면서 내 속의 울림을 들은 나는, 〈시스터 액트〉를 보며 그것이 나를 이끄는 소리라고 확신했다.

영화 〈미션〉의 전반부에는 '오지 원주민'을 신의 품으로 인도하겠다는 순수한 사명을 가지고 출발했으나 대포와 장사치를 앞세웠기에 원주민들에게 죽임을 당하는 선교사들의 이야기가 나온다. 그후 또다시 도전하는 후임 선교사는 칠레 근방 폭포 근처에 사는 과라니족에게 접근한다. 그가 맨 처음 선택한 방법은 폭포 위에서 오보에를 부는 것이었다. 그때 영화에서 흘러나오던 아름다운 선율 〈가브리엘의 오보에〉는 과라니족의 마음을 움직임과 동시에 나의 마음도 움직였다.

한편, 〈시스터 액트〉에서 주인공은 견디기 힘든 수녀원 생활을 음악과 춤을 통해 활기차고 즐거운 곳으로 변모시킨다. 내가 주뼛거리며 마지못해 했던 주일 헌금도 그들은 음악 앞에서 즐겁고 유쾌하게 해낸다.

나는 처음으로 음악이 인간의 언어 이전의 언어임을 깨달았다. 말도 통하지 않고 가치 또한 다른 그들을 서로 소통하게 한 것이 바로 음악이니 말이다. 순간 내 속에서 소리가 들렸다.

'오보에 선율과도 같은 아름다운 통로로 사람들을 만나고 싶다. 의미 있는 이야기를 즐겁고 유쾌하게 나누며 사람들과 음악으로 유쾌한 소통을 하고 싶다.'

그 소리는 점점 커지고 간절해졌지만 내 속에는 그 소리를 누르는 또 하나의 소리가 있었다.

'음악을 하려면 바탕이 있어야 해. 남들은 학원에서 악기를 다루고 노래하는 시간에 너는 학교에서 납땜이나 하고 있잖아. 그래 가지고 음악대학에 갈 수 있겠어?'

예고를 가도 모자랄 판에 취업을 위한 특수 목적고라 불리는 공고에서 나사나 돌리고 납땜이나 하고 있던 나는 너무나 가혹한 현실의 소리에 그만 기가 죽어버렸다. 결국 나는 나의 적성이나 꿈과는 전혀 상관없는 과를 지원했고, 그마저도 낙방의 쓴잔을 마셔야 했다.

재수를 해서 전문대마저도 떨어진 나는 곧바로 해병대에 지원했다. 우리나라에서 가장 유명한 대학, 체력 1등급만 지원할 수 있는 곳이라는 나름의 의미를 부여하며 충실히 군 생활을 했다. 그런데 제대를 하고 난 뒤에도 내 마음의 소리들은 전쟁을 멈추지 않았다.

'아, 사람들과 음악으로 소통하고 싶다.'

'쳇, 네 주제에 그게 가능할 것 같아?'

그러던 어느 날, 나는 백발의 노인이 된 내가 나를 나무라는 소리를 들었다.

'그래, 너 열심히 살았지. 그런데 넌 비겁하게 살았어. 넌 한 번도 죽을힘을 다해 살아본 적 없잖아.'

짧지 않은 길을 돌아왔지만 나는 결국 내 소리를 따르기로 했다. 음악을 하기 위해 죽을힘을 다해 살기로 한 것이다. 비싼 레슨비를 벌기 위해 새벽 일찍 신문 배달부터 온갖 아르바이트를 해야 했지만, 그것은 내 소리에 반응하기 위한 노력이었으므로 조금도 힘들지 않았다. 그리고 마침내 5개월 뒤, 나는 기적과도 같이 음대에 진학할 수 있었다.

하루를 살아도 죽을 것처럼 열정적으로 살아야 한다. 마음의 소리가 들리면 그것에 반응해야 하고, 설령 마음의 소리가 들리지 않더라도 마음의 소리를 듣기 위해 노력해야 한다.

하지만 우리는 마음의 소리를 듣고도 "너 그거 할 수 있겠어? 네 나이가 몇인데. 너 결혼도 하고 애도 있잖아. 지금 그

나이에, 그 몸매에, 그 외모에, 그 능력에 할 수 있겠어?"라는 말들로 그 소리를 누른다.

마음의 소리를 외면한 채 그저 일을 하기 위한, 돈을 벌기 위한 직업의 길을 가고 있는 사람은 목소리부터가 다르다. 그들의 목소리는 메마르다. "사랑합니다. 고객님!"이라고 말하지만 그 목소리에선 사랑이 느껴지지 않는다. 하지만 마음의 소리를 따르고 꿈을 이루기 위해 길을 가는 사람의 목소리에선 신명이 난다. 그들은 진심으로 당신을 사랑하고, 당신과 소통하기를 원한다.

새는 날아야 새다. 제아무리 빨리 뛰어도 그것은 결코 새일 수 없다. 내 속에 움츠리고 있던 날개가 퍼덕거리면 죽을힘을 다해 날갯짓을 해보자. 푸른 하늘을 날며 나의 길과 통하고 있는 우리는 분명 누가 뭐래도 이 무대의 주인공이다.

49

이완하라

나는 대학에서 강의를 하고 있다. 학생들은 내 수업을 아주 좋아한다. 그 이유는 중간고사, 기말고사를 안 보기 때문이다. 대신, 나는 출석과 학생들이 하는 질문, 그리고 '3분 스피치'라는 것을 성적에 넣는다.

3분 스피치는 3분 동안, 오늘의 주제에 대한 자신의 의견이나 생각을 말하는 것이다. 점수가 많이 걸린 것인데도 대부분의 학생들은 스피치를 잘 안 하려고 한다. 아마도 많은 사람들 앞에서 자신의 의견을 말하는 것에 익숙하지 않아서인 듯하다.

한번은 야외에서 수업을 했는데, 나무 그늘에 앉아서 강의를 듣고, 이완하는 훈련을 했다. 3~5분 정도 몸의 긴장을 풀고, 조용히 새소리를 들어본다거나 바람을 느껴보는 것이다.

학생들 대부분이 진지하고 편안하게 이완 훈련을 잘 따라왔다. 그런데 이 조용한 시간이 끝나갈 즈음, 한 학생이 3분 스피치를 하겠다고 손을 번쩍 드는 것이다. 평소에도 항상 웃는 모습으로 수업에 임해 눈에 띄는 여학생이었다. 그녀는 이완 훈련을 하는 동안, 자신의 아래턱이 저절로 벌어지는 것을 느꼈는데, 이를 통해 그동안 자신이 얼굴에 힘을 주며 억지로 웃고 다녔다는 것을 알게 되었다고 했다. 그리고 그 억지웃음 뒤에는 자신도 미처 깨닫지 못한 아픔이 있었다는 것도 알게 되었다고 한다.

그녀는 어린 시절, 큰 부자는 아니었지만 이층집에서 가족이 단란하게 살았다. 그러던 어느 날 아버지가 술을 마시고 교통사고를 내서 맞은편 차에 타고 있던 3명이 사망하고, 1명이 심한 장애를 입는 일이 생겼다. 그녀의 아버지 역시 그 사고로 장애를 갖게 되었다.

그녀의 가족은 집을 팔아 피해자 가족에게 보상을 하고, 월셋집으로 이사를 했다. 이후로 그녀의 집은 경제적 어려움을 겪을 수밖에 없었다. 장애의 몸으로 일을 할 수 없게 된 아버지를 대신해서 어머니는 생활비와 아이들의 학비, 월세까지 짊어져야 했다.

졸지에 가장이 된 어머니는 그 막중한 책임감에 눌려 조금씩 우울증을 앓기 시작했다. 그러고는 얼마 후 급기야 자살을 시도하기에 이르렀다. 그녀는 어린 나이에 그 모습을 목격하게 되었고, 이후로 그 사건은 그녀가 어른으로 성장해가는 동안에도 지울 수 없는 상처가 되었다.

그녀는 자신에게 일어난 엄청난 현실을 받아들이기가 힘들었고, 직면할 힘도 없었다. 그나마 그녀가 할 수 있었던 것은 그저 웃는 것뿐이었다. 정말로 즐거워서 웃는 것이 아니라, 힘들어도 웃고, 싫어도 웃었다. 그렇게 습관적으로라도 웃는 얼굴을 해야 견딜 수가 있었던 것이다.

이야기를 하면서 그녀는 울음을 터뜨렸고, 친구들은 그런 그녀를 꼬옥 안아주었다. 스피치를 마친 그녀는 여전히 웃고 있었지만, 그 웃음은 예전과는 다르게 훨씬 편안해 보였다.

강의를 위해 많은 사람을 만나다 보면 사방이 온통 '인간극장'이구나 하는 생각을 한다. 모두들 가슴 한편에 말 못 할 응어리들을 안고 살아가는데 그것을 풀지 못해 거짓 웃음을 짓기도 하고, 껍데기 같은 삶을 살기도 한다.

비록 그들이 가진 문제를 해결해줄 수는 없더라도, 그들에게 작지만 따뜻한 소통의 공간을 제공해주는 것만으로도 그들이 상처를 치유할 수 있는 좋은 계기가 될 수 있음을 느꼈다.

50

포기하라

언젠가 〈삶에 획을 그은 사람들의 3가지 특징〉이라는 글을 읽은 적이 있다. 그들은 다음과 같은 세 가지 특징이 있다.

첫 번째, 채식주의자는 아니었지만 채식 위주의 식단으로 먹었다.

두 번째, 그들의 90퍼센트는 새벽 3시에서 5시에 기상했다.

세 번째, 가장 좋아하는 운동은 산책과 조깅이었다(골프가 대중화되기 전).

감동을 받은 나머지 나는 곧바로 행동에 옮겼다. 우선 기상 시간을 새벽 4시로 앞당겼다. 자명종을 맞춰두고 겨우겨우 눈

165

을 뜨긴 했는데 도대체 뭘 해야 할지가 고민이 되었다. 운동을 나가자니 밖은 여전히 깜깜했고, 책을 읽자니 눈꺼풀이 다시 내려앉았다. 게다가 이른 새벽에 일어난 탓에 오후가 되면 병든 닭처럼 졸기까지 했다. 1~2주를 그렇게 지내다 보니 삶에 획이 그어지는 것이 아니라, 눈밑에 시커먼 다크서클이 그어져 있었다.

피곤하고 힘든 하루하루를 보내다 문득 나는 큰 깨달음을 얻었다. 그들은 무작정 일찍 일어나는 것이 아니라 삶의 추, 삶의 그래프를 왼쪽으로 옮겨놓았던 것이다. 나처럼 늦게 자고도 일찍 일어나는 것이 아니라, 일찍 잠들어 일찍 일어난 것이었다.

나는 이런 깨달음을 통해 '선택'의 다른 이름은 '포기'라는 것을 알게 되었다. 내가 원하는 것을 얻기 위해서는 그것을 적극적으로 '선택'해야 하는 것이다. 그러려면 '포기' 역시 과감해야 한다. 이른 새벽을 선택하기 위해서는 늦은 밤을 과감히 포기해야 하는 것처럼.

일찍 일어나기 위해 나는 밤 문화를 포기했다. 사실 밤 문화라고 해봤자 특별한 것도 없었다. 텔레비전과 인터넷 등이 밤 시간에 나를 의미 없이 뒹굴거리게 만들었던 것들이다. 적극

166

적 선택을 한 그날, 나는 바로 텔레비전과 인터넷을 없애버렸다. 내친김에 집 전화도 끊어버렸다.

물론 이후 3개월 동안 극심한 금단현상에 시달려야 했다. 아무것도 할 것이 없으니 전보다 더 많이 심심하고 외로워졌다. 하지만 거기서 끝이라는 생각이 들었다. 그래서 매일 저녁 산책을 하고 조깅을 했다. 운동을 한 덕분에 잠도 잘 왔고, 다음 날 새벽에 일어나는 것도 점점 더 쉬워졌다. 새벽 시간에 할 일도 하나둘 만들어갔다. 덕분에 정신은 맑아지고 마음은 차분해지며 생각은 단순해졌다. 인간이 최고의 능력을 발휘하는 때가 바로 그때라고 하지 않던가.

선택의 다른 이름은 포기다. 하지만 포기는 결코 쉽지 않다. 그러니 더욱 적극적인 선택이 필요하다. 물론 잠깐 동안은 금단현상과 만날 수 있다. 하지만 이 역시 순간이다. 그 순간을 잘 이겨내면, 그토록 보고 싶어 했던 새로운 세계와 만날 수 있다.

51

소 · 통 · 하 · 려 · 면

미쳐야 한다

어쩐지 요즘 청소년들의 눈에서는 반짝반짝 빛이 느껴지지 않는다. 공부도 시큰둥하고, 친구 관계도 미지근하다. 기껏해야 게임에나 열을 올릴 뿐이다. 그들은 자신이 원하는 것이 무엇인지, 하고 싶은 것이 무엇인지도 잘 모른다. 무엇인가가 마음속에서 꿈틀댈라치면 부모가, 사회가 그 싹을 자르기 때문이다.

"미술 학원? 공부해서 대학 갈 생각은 안 하고, 무슨 엉뚱한 소리야!"

"공부할 시간도 모자란데 야구는 무슨!"

어릴 적 나는 말하는 것이 좋았다. 재잘재잘 끝도 없이 떠들기도 했지만 간간이 재치 있는 말로 사람들을 웃기기도 했다. 나는 어른이 되면 말하는 직업을 가지고 싶었다. 개그맨이 되어도 좋고, 탤런트가 되어도 좋았다. 변호사가 되어 억울한 사람을 위해 변론하는 것도 멋지겠다는 생각도 했다. 그런데 어머니는 나의 말재주에 대해 아주 다른 평가를 했다.

"너는 물에 빠지면 입만 동동 떠버릴 놈이여."

그러고는 "먹고살려면 기술을 배워야지." 하시며 공고에 진학하기를 바랐다. 덕분에 이제 막 싹이 트려던 나의 어린 목소리는 그만 고개를 숙이고 말았다. 결국 오랜 시간이 걸리고 많은 길을 돌아서야 나는 내가 바라던 그 길에 설 수 있었다. 어쨌든 늦게라도 내 길을 찾은 것은 감사하고 또 감사한 일이 아닐 수 없다.

부모가, 사회가, 나를 둘러싼 환경이 내 안의 싹을 자르려 하면 더욱 진지하게 내게 물어야 한다.

"너 그거 없이도, 그거 하지 않고도 살 수 있겠어?"

만약 "아니! 난 그거 없이 살 수 없어."라는 대답이 들리면 그것에 미쳐야 한다. 내가 원하는 그 세상과 만나기 위해서는 미치거나 사랑하거나 간절히 원해야 한다. 물론 간절히 원하

고 포기하지 않는다고 해서 누구나 그 길에 설 수 있는 것은
아니다. 하지만 분명한 것은 미치지 않고서는 그 누구도 자신
이 원하는 길을 가기가 어렵다.

52

소 · 통 · 하 · 려 · 면

시선의 끝을 보라

대학에서 성악을 전공한 나는 졸업이 가까워오자 진로에 대한 고민을 하지 않을 수 없었다. 성악을 전공한 사람이 선택할 수 있는 일이 그다지 많지 않은 것도 문제였지만, 무엇보다도 나는 단순히 돈을 벌기 위한 수단이 아닌 내 인생을 모두 걸 수 있는 '길'을 찾고 싶었다.

나는 처음으로 나 자신에게 물었다.

"너는 노래하는 것을 좋아하니?"

그 질문에 대한 대답은 틀림없는 "Yes!"였다.

나는 곧이어 다음 질문을 했다.

"다른 사람들도 너의 노래를 좋아하니?"

하지만 나의 대답은 안타깝게도 "No!"였다.

나는 분명 노래하는 것을 좋아했지만, 사람들은 나의 노래를 돈을 내고 들을 만큼은 좋아하지 않았다. 성악을 전공한 사람으로서 이는 무척이나 자존심이 상하는 일이었고, 마음도 많이 아팠다. 하지만 나는 그 사실을 인정하기로 했다. 그것을 인정하지 않고는 한 발짝도 앞으로 나아갈 수 없다는 것을 깨달았기 때문이다.

내 노래 실력의 한계를 인정하고 난 후, 내가 정말로 좋아하고, 다른 사람들도 좋아하는 것이 무엇인지 고민하기 시작했다.

'그래, 내게 의미 있고, 흥미 있는 것을 나만의 퍼포먼스로 다른 이에게 전해주자!'

성악가로서의 미래를 접음과 동시에 나는 또 다른 삶의 시작을 맛볼 수 있었다. 마치 마음의 끝에서 시선이 시작되고, 시선의 끝에서 키스가 시작되듯 말이다.

나를 객관적으로 받아들이고 인정하는 것은 결코 쉬운 일이 아니다. 하지만 이런 시간 없이 앞으로 가고자 하는 건, 100미터 달리기 선수들이 발을 올려놓는 지지대 없이 경기를 시작하는 것과 다름없다.

그런데 이 과정은 '키스'와도 많이 닮아 있다. 지금껏 했던 키스 중 가장 달콤했던 키스를 떠올려보자. 분명 키스는 '시선의 끝'에서 시작되었을 것이다. 그리고 시선은 '마음의 끝'에서 시작되었음이 분명하다.

삶도 이와 다르지 않다. 삶은 무엇인가의 끝에서 다른 시작을 만들어낸다. 이처럼 끝인 듯싶은 곳에서 새로운 시작이 연결되어 삶의 길과 소통하는 것이다.

나는 노래를 부르면서 목소리가 변했고, 그런 목소리의 변화가 내 삶에 대한 태도와 자세도 변화시켰다. 그래서 아름다운 소리와 노래를 일상의 말과 삶에도 적용하고 싶어졌고, 그것을 사람들과도 나누고 싶었다. 넓고 탁 트인 길은 아니었지만, '뜻을 세우면 길이 열린다'는 말처럼 이 작은 시선의 끝이 다음으로 연결되기를 바랐다.

어쩌면 지금 달리고 있는 그 길에서 노란색 경고신호, 아니면 빨간 정지신호와 맞닥뜨릴지도 모른다. 하지만 우리는 알고 있다. 우리를 기다리고 있는 다음 신호는 분명 우리의 길과 소통하게 할 초록색 청신호라는 것을.

53

발효되기를 기다려라

오래전 그녀에게 나는 참으로 열정적이었다. 그녀가 서울로 나올 일이 있으면 내가 춘천까지 내려가 그녀를 데리고 오고, 서울에서 볼일을 다 보면 다시 춘천으로 바래다주었다. 깜깜한 밤에 홀로 서울로 돌아오면서도 힘들기는커녕 행복하기만 했다.

하지만 열정은 영원하지 못했다. 어느 때부턴가 나는 '바쁘다, 피곤하다'는 이유로 그녀를 권태로워했다. "혼자 가기 무서운데⋯⋯."라며 나의 손길을 기다리는 그녀에게 "무섭기는, 네 얼굴이 무기야!"라며 어서 빨리 그녀가 가주기를 바랐다.

달라진 것은 아무것도 없었다. 그녀의 아름다운 얼굴도 그대로였고, 나를 향한 그녀의 사랑에도 변함이 없었다. 달라진 것은 내 마음이었다. 내 마음에서 열정이 사라지고 권태가 온 것이다.

삶도 연애와 같다. 열정기가 지나가면 권태기가 찾아온다. 그것을 하지 않으면 죽을 것 같던 일도 어느새 그것 때문에 죽을 것 같은 시기가 온다. 소형차라도 좋다, 내 차만 있으면 더 바랄 것이 없겠다던 마음도 어느새 중형차, 최고급 세단을 소망하며 지금의 차를 권태로워한다.

이러한 권태기는 나도 당신도 비껴가지 않는다. 모두에게 찾아온다. 그래서 소중한 그녀를 잃기도 하고, 흥겹던 일마저도 더 이상 의미 없는 것으로 만들어버린다.

권태기를 잘못 보내면 삶의 맛과 멋을 잃은 우울이 찾아온다. 이때는 세상에 대한 어떤 고마움이나 놀라움을 갖기도 어렵다. 심지어는 모든 일에 재미가 없고, 산해진미를 먹어도 그 맛이 느껴지지 않는다.

하지만 권태기를 잘 보내면 삶의 성숙기가 찾아온다. 도파민이라는 호르몬에 의존하지 않아도 그녀를 사랑할 수 있으며, 삶의 재미를 느낄 수 있게 된다. 그런데 권태기에서 성숙기로 접어들기 위해서 반드시 필요한 것이 발효를 위한 시간과 노력이다.

175

열정이 영원하지 않은 것처럼 권태도 결코 영원하지 않다. 이 사실을 알고 있는 것만으로도 권태기를 지내는 데 많은 도움이 된다. 시간이 흐르고 물이 흐르듯 모든 것은 흘러가기 마련이다. 그래서 권태를 부담스러운 손님으로 생각하며 벗어나거나 물리치려 하기보다는 그대로 받아들이는 것이다. 힘든 상황을 즐길 줄 아는 사람, 인정하고 받아들일 줄 아는 사람은 다음 단계인 성숙기로 가기 위한 새로운 에너지를 만들어낼 수 있다.

몇 년 전 아버지는 무릎 연골 이식 수술을 했다. 오랜 노동일로 연골이 다 닳아서 인공 연골을 이식받아야 했다. 의사는 고통을 호소하는 아버지에게 물리치료를 통해 인공 연골에 익숙해져야 한다고 말했다. 하지만 아버지는 당장의 고통을 참지 못해 진통제를 하루에 12번이나 맞았다. 덕분에 아주 심한 후유증이 아버지를 기다리고 있었다. 그렇게 왕성하던 아버지의 식욕은 언제 그랬냐는 듯 사라지고 두유 말고는 아무것도 먹을 수 없는 상태가 되었다. 고통은 사라졌지만 몸은 더 나빠진 것이다.

아버지가 고통을 받아들이고 물리치료를 했다면 어땠을까.

아마 시간이 지나면서 인공 연골은 원래 아버지의 것처럼 익숙해져갔을 것이다.

사랑스럽던 그의 얼굴이 지루해지고, 흥겹던 일들이 점점 시들해진다면 우리는 권태를 반갑게 맞을 준비를 해야 한다. 시간과 노력으로 권태를 현명하게 발효시킨 삶에서는 분명 잘 익은 와인처럼 깊은 맛과 향이 풍길 것이다.

54

운전자처럼 살자

나는 2003년 즈음에 45만 원을 주고 중고 자동차를 샀다. 처음으로 내 차가 생기니 그렇게 좋을 수가 없었다. 차에는 CD 플레이어도 없어 그저 테이프로 노래를 듣는데도, 마치 카네기홀에서 연주를 듣는 것마냥 좋았다. 내가 운전하는 차 안에서 음악을 듣는다는 그 자체만으로도 충분히 신이 났다.

물론 이런 감동과는 별개로 차를 직접 운전한다는 것은 초보 운전자에게 긴장되고 조심스런 일이다. 처음 얼마간은 백미러로 보이는 차들이 모두 나를 향해 질주하는 것처럼 느껴져 힘들었다. 차선을 변경하는 것도 여간 곤욕스런 일이 아니었다. 어떤 날은 차선 변경을 못해 서울 시내를 빙빙 돌다 겨

178

우겨우 집으로 가곤 했다.

한 달 정도 지나자 차선을 바꾸는 것을 비롯해 운전이 점점 익숙해졌고, 마음도 그만큼 편안해졌다. 하지만 문제가 완전히 사라진 것은 아니었다. 워낙 여기저기서 강의를 하다 보니 매번 낯선 강의 장소를 찾아가는 것은 힘든 일이었다. 그렇다고 45만 원을 주고 산 차에 50만 원이 넘는 내비게이션을 달수도 없는 일이었다. 그래서 결국 강의 장소까지 가는 길을 미리 메모해 가던지, 그러고도 찾기가 힘들면 중간 중간 지나가는 사람들에게 묻기도 했다.

시간이 흐른 후, 결국 나도 차에 내비게이션을 장착하게 되었다. 왜 진즉 달지 않았나 후회가 들 만큼 편하고 좋았다. 그렇게 하루 이틀, 내비게이션이 시키는 대로 운전을 하다 보니 나는 점점 더 길치가 되어갔다. 내비게이션이 없으면 어떻게 운전을 할까 걱정이 들 정도였다. 기계의 편리함에 의지한 나머지 내가 이 차의 주인이며, 운전대를 잡은 운전자인 것을 잊은 것이다.

우리가 사는 것도 마찬가지다. 인생이라는 길을 달리면서 어떤 사람은 주인처럼, 운전자처럼 주도적으로 살아간다. 하지만 어떤 사람들은 내비게이션에 의지한 채 혹은 운전자의 옆이나 뒷좌석에 앉아 남의 차를 얻어 탄 것처럼 살아가기도 한다. 그들은 다른 곳에 신경을 쏟거나 자기도 한다. 길에 대해 크게 집중할 필요도 없어 굳이 길을 익히려 하지도 않는다. 그래서 그들은 오랫동안 운전자와 같은 길을 함께 달려도, 정작 자신이 달려온 길, 자신이 달려가야 할 길에 대해 아는 것이 거의 없다. 삶을 주인이 아니라 손님처럼 살았기 때문이다.

길을 힐끗 보기만 했을 뿐 직접 몸으로 체험해보지 않으면, 그 길을 아는 것이 아니다. 삶이라는 길을 달려야 하는 사람은 바로 나 자신이고, 그 길을 직접 몸으로 익히는 사람만이 주인이 되어 살 수 있다.

무엇이든 직접 해봐야 내 뼈에, 내 척추에 힘이 생긴다. 길도 그저 지나는 것이 아니라, 힘들어도 내가 직접 달려봐야 그 길을 갔다고 말할 수 있다.

55

Find Your Voice!

남자들의 심리를 알아보기 위한 재미있는 실험이 있었다. 예쁘고 늘씬한 여자 연기자에게 고속도로 갓길에서 자동차 보닛(bonnet)을 열고 서 있게 했다. 과연 어떤 일이 일어났을까. 지나가는 차의 남자 운전자들이 연신 그녀를 힐끗거렸고, 그들은 간혹 차를 세워 그녀를 도와주려고도 했다. 심지어는 가드레일을 넘어와서까지 도와주려는 남자들도 있었다.

이번에는 예쁘지도 날씬하지도 않은 여자 연기자에게 별로 좋지 않은 자동차의 보닛(bonnet)을 열고 서 있게 했다. 몰려드는 남자들 덕분에 단 5분 만에 도로를 정체하게 만들었던 앞의 미녀 연기자와는 달리 그녀는 세 시간이 지나도록 혼자

181

서 있어야 했다.

다소 씁쓸한 실험 결과이기는 하지만, 아름다운 여자에게 남자의 마음이 열리는 것은 어찌 보면 자연스런 일이다. 하지만 남자의 마음과 관심이 지속되기 위해서는 단순히 외적 아름다움만으로는 부족하다. 그녀의 아름다움에 익숙해질 즈음, 새로운 아름다움에 눈길이 가는 것 또한 남자의 자연스런 마음이기 때문이다.

이처럼 단순한 외적 아름다움은 오래가지 않는다. 시간이 지나면 외적 아름다움은 시든다. 생명력이 없기 때문이다. 그런데 아름다움이 단순히 외적인 것에 국한되지 않고 존재에 대한 매력으로 승화될 경우, 아름다움은 생명력을 가진다. 그러기 위해 필요한 것이 자신만의 분명한 컬러, 즉 목소리다.

목소리의 출발은 호흡, 즉 숨이다. 호흡이나 숨은 라틴어로 '영혼'을 뜻하니, 소리의 시작은 '영혼'인 셈이다. 그런데 이러한 인간의 호흡은 그 사람의 지성과 감성, 영성이 합쳐져서 만들어진다. 최근에 자신이 읽은 책, 집중하고 있는 화두가 목소리에 들어가게 되는 것이다. 읽은 책이 없고, 깊게 생각한 것이 없고, 나아갈 길이 분명치 않으면 소리 또한 불분명하고 흐리다. 목소리는 없고 그저 "어⋯⋯"라는 자신 없는 목의 울림만 있을 뿐이다.

자신만의 분명한 색채가 담긴 목소리는 자신에게 삶의 중심을 만들어준다. 삶의 중심이 분명한 사람은 외부의 크고 작은 변화에 그다지 흔들리지 않는다. 그들은 매 순간 집중하고 열중할 뿐 결코 집착하지 않는다. 가족에게, 연인에게, 고객에게 최선을 다하지만 그들에게 좌우되지는 않는다. 반면, 자신의 목소리가 없는 사람은 외부의 것에 집착을 보이거나, 그것을 지배하려고 한다. 외부에서 자기의 색을 찾으려 하기 때문이다. 그래서 그들은 종종 상처받고, 우울증을 앓기도 한다.

착한 것이 좋은 것도 아니고, 아름다운 것이 좋은 것도 아니다. 좋은 것이 좋은 것이다. 내가 좋기 위해서는 내가 원하고 꿈꾸는 삶을 살아야 한다. 자신의 색깔과 목소리를 가지고 사는 것이 가장 잘 사는 것이다.

56

소 · 통 · 하 · 려 · 면

아파도 사랑해야 한다

어린 시절, 고향집 마당에는 '도꾸'라는 이름의 개 한 마리가 있었다. 그 녀석은 마당 한구석에 블록으로 만들어진 커다란 집도 가지고 있었다. 나는 학교가 파하면 가장 먼저 도꾸에게 달려갔고, 한두 시간은 꼭 개집 안에서 녀석과 함께 놀았다. 동생이 없었던 탓에 아마도 그 시절 도꾸는 내게 동생과도 같은 존재였을 것이다.

그러던 어느 날, 학교에서 돌아오는 길에 아버지와 아버지 친구들이 도꾸를 끌고 가는 모습을 보게 되었다. 도꾸는 도와 달라는 듯 애처로운 눈길로 나를 쳐다보았다. 그리고 눈물을 흘렸다. 하지만 나는 도꾸를 위해 아무것도 할 수 없었다. 아버지를 말리기에 그때의 나는 너무 어렸다.

그렇게 우리 집에 온 강아지들은 오래가야 3년을 살았다. 아버지는 녀석들의 덩치가 제법 커지면 매번 어딘가로 끌고 갔다. 그리고 그런 날은 어김없이 아버지의 입에서 고린 고기 냄새가 났다.

잔인한 이별이 반복될수록 나의 상처는 깊어갔다. 그래서 다시는 녀석들에게 정을 주지 않겠다고 다짐했다. 그것이 내가 상처받지 않는 유일한 방법이라고 생각했다. 이후 나는 그어떤 강아지에게도 눈길을 주지 않았다. 밥을 줄 때도 그릇만 쓰윽 밀어놓고 올 뿐이었다.

하루는 어머니가 토끼 몇 마리를 사왔다. 나는 강아지가 아닌 것에 안도하며, 토끼 돌보는 일을 자원했다. 코를 찡긋찡긋하고, 작고 동그란 앞발로 얼굴을 닦기도 하던 그 모습이 얼마나 귀엽던지, 수많은 도꾸를 잃었던 슬픈 기억이 지워질 정도였다.

들에 나가 민들레랑 시금치 등을 뜯어와 먹이로 주곤 했는데, 그것도 귀찮은 날이면 녀석들을 줄로 묶어 풀밭에 풀어놓기도 했다. 더 귀찮은 날은 밥통에서 뜨거운 밥을 퍼서 주기도 했다. 나는 그것들이 풀만 먹어야 하는 토끼라는 사실을 잊고 친구나 동료로 생각했던 모양이다.

그렇게 몇 달이 흐른 후, 어머니는 닭볶음탕이라는 정말 맛있는 음식을 했다. 얼마나 맛있던지 두 그릇이나 먹어치운 나는 배를 두드리며 토끼풀을 뜯으러 나섰다. 우리끼리만 포식을 한 것이 미안해 토끼들에게도 맛있는 풀을 먹여주려고 생각한 것이다.

"어? 엄마, 토끼들이 없어졌어!"

텅 빈 토끼장을 바라보며 나는 소리를 질렀다. 그런데 어머니는 별일 아니란 듯이 "잉, 니가 먹은 게 퇴끼여."라고 말했다. 나는 어이가 없어 그 자리에 풀썩 주저앉고 말았다. 더 이상 눈물도 나오지 않았다.

"맛있긴 하네."

그렇게 혼잣말처럼 중얼거리며 마음의 상처를 다독였다.

수많은 도꾸, 그리고 토끼들과 이별을 반복하며 한 가지 분명한 사실을 깨달았다. 그것이 토끼든, 개든 나와 영원히 함께할 수는 없다는 것, 그들에게 정을 주었다간 내가 상처받는다는 것을 말이다.

어른이 된 우리는 더 이상 상처받는 것이 두려워 마음에 철

옹성 같은 단단한 성을 쌓고 살기도 한다. 물론 처음 얼마간은 연인, 혹은 동료나 직원들에게 잘해주고, 내가 가진 것도 아낌없이 나눠주기도 한다. 하지만 그들과 계속 좋은 관계를 유지하기란 쉽지 않다. 심지어 내가 쏟은 사랑이 배신으로 돌아오기도 하고, 때론 내가 그들에게 상처를 주기도 한다. 결국 이들과 영원할 수 없다는 것을 알게 된다.

하지만 세상에 영원한 것이 있을까. 항상 함께할 것 같고, 나만 바라봐주던 연인도 한결같지 않다. 비즈니스도 마찬가지다. 한때 좋았던 것들을 끝까지 함께하기가 힘들다. 나에게 주어진 것들은 처음부터 내 것이 아니었기에 그저 그들은 처음으로 돌아간 것뿐이다. 우리는 그것을 상처가 아닌, 자연스러운 과정으로 받아들여야 한다.

나의 개와 영원히 함께할 수 없는 것이, 동료들과 계속 함께할 수 없는 것이 슬픈 게 아니다. 정말 슬픈 것은 상처를 입지 않으려고 그들에게 선을 긋고 '정'도 주지 않는 것, 더 이상 사랑하지 않게 되는 것이다. 그들은 곁에 사람들이 있어도 외롭기 그지없고, 마음은 늘 텅 빈 듯 공허하기만 하다.

이별하고, 상처받고, 눈물 흘릴지라도 우리는 이 시간을 진심으로 살아야 한다. 마음의 문을 열고 두려움 없이 그들과 눈을 맞추고, 아낌없이 사랑하며 살아야 진정으로 행복할 수 있다.

57

땀, 눈물, 피를 쏟아라

A학점을 받은 여학생이 담당 교수를 찾아갔다. 그러고는 대뜸 F학점을 달란다. 의아해하는 담당 교수에게 여학생은 말한다.

"무턱대고 졸업부터 할 순 없어요. 직장을 구하지 못하고 졸업할 바엔 차라리 학교를 더 다니며 좀 더 알차게 준비하는 게 낫죠."

이 여학생처럼 졸업할 학점을 모두 이수하고도 졸업을 미루는 대학생들이 늘고 있다. 'NG(No Graduation)족'이라 불리는 이들은 극심한 취업난에 갈 곳이 사라져버렸다. 이들은 직장을 찾지 못해 헤매느니, 차라리 '대학 5학년'이 돼 학생 신분으로 취업을 준비하는 게 낫다고 말한다. 스물다섯에 대학에

189

입학해 서른한 살이라는 무거운 나이로 사회에 내던져지던 지난날의 나를 보는 듯하여 마음이 안쓰럽다.

그 시기를 지나온 지금, 내가 그들에게 해줄 수 있는 조언은 너무 조급해하지 말라는 것이다. 마음이 조급하다 보면 평정심을 잃게 되고, 그러다 보면 보이던 것도 보이지 않게 된다. 빨리 가는 것보다 더 중요한 것은 정확히, 잘 가는 것이다. 조급한 마음에 빨리 가다 보면 엉뚱한 곳에 도달하기도 하고, 사고가 나기도 한다. 다쳐서 만신창이가 된다면 남들보다 빨리 달려가 무엇하겠는가. 더군다나 그 길이 전혀 엉뚱한 방향이라면 얼마나 어이없는 일인가. 그래서 조금 뒤처지더라도 안전하게, 정확하게 가야 한다.

노래를 부르고 싶어 늦은 나이에 성악과에 진학했지만 졸업을 앞둔 내가 구할 수 있는 취직 자리라곤 지방에 있는 시립합창단이 전부였다. 몇십만 원의 월급으로 생활비는커녕 월세 내기도 빠듯했지만, 나를 더욱 힘들게 했던 것은 따로 있었다. 내가 꿈꾸던 것이 정말 이런 모습이었나 하는 뒤늦은 후회였다. 게다가 남들은 장가를 가고도 남을 나이에 새로운 길을 찾기란 결코 쉬운 일이 아니었다.

다시 마음의 평정을 찾고, 내가 바라는 삶을 되돌아보았다.

나는 행복하고 싶었다. 노래를 부르면 마음이 평온해지고 행복했다. 그런데 불현듯 노래하는 것보다 더 행복한 것은 내 삶이 노래가 되는 것이라는 생각이 들었다. 아름다운 목소리와 선율, 그리고 메시지를 전하며 유쾌하게 서로 소통하는 삶이야말로 진정한 내 길이었다. 그리고 그 길을 10년 가까이 달려왔다. 지금 나는 행복하고 또 행복하다.

직업을 찾는 것보다 더 중요한 것은 자신의 길을 찾는 것이다. 시간이 조금 더 걸리더라도, 힘이 조금 더 들더라도 자신의 길, 평생의 소명이 담긴 길을 찾아야 한다. 그래야 진정 행복할 수 있다.

길을 찾고, 그 길에서 행복하기 위해서는 반드시 쏟아야 할 세 가지가 있다. 땀, 눈물, 그리고 피다. 먼저 땀은 노력을 뜻한다. 우리는 무언가에 집중하고 반복할 때 땀이 난다. 매일 어떤 것을 일정한 시간에 끊임없이 반복해야 프로의 경지에 오른다고 한다. 만약 이 정도의 노력도 기울이지 않는다면 열중해서 산다기보다는 그냥 사는 것에 가깝다.

집중하고 반복하며 땀을 흘리다 보면 그것이 자기의 길인지 어렴풋이 보인다. 눈물을 바칠 수 있다고 생각하는 것에 길이 있다. 눈물은 자존심을 뜻한다. 그녀를 사귀는 데 내 자존심만은 버릴 수 없다면 나는 그녀를 사랑하는 것이 아니다. 일찌감치 헤어지는 것이 낫다. 그 분야에 눈물을 바칠 수 없다면 그것은 내 길이 아니다. 이 역시 포기하는 것이 낫다. 한 동이의 눈물을 쏟고도 붙잡고 싶다면 그것이 내가 찾던 그 길이다. 이때는 절대 놓쳐서는 안 된다.

길을 찾은 우리가 그 길 위에서 쏟아야 할 마지막 한 가지는 바로 피다. 세상은 그리 호락호락하지 않아서 넘어질 수도 있고, 때로는 난데없이 날아드는 돌멩이에 머리가 터질 수도 있다. 그럼에도 불구하고 우리는 끝까지 걸어야 한다.

영화 〈아바타〉를 보면 주인공이 큰 새를 타고 날아다니며 행복해하는 장면이 나온다. 하지만 처음부터 새가 그에게 호락호락하게 등을 내어준 것은 아니다.

"어떻게 하면 저 새를 내 새로 만들 수 있을까?"

새를 본 남자가 여자에게 물었다. 여자는, 새가 그를 쉽게 허락하지 않을 테니 먼저 그 새와 교감하라고 조언한다.

"그러면 내가 저 새를 탈 수 있을까?"

"아니, 저 새가 분명 너를 죽이려고 할 거야. 하지만 그것을 이겨낸 자만이 저 새를 자기 것으로 만들 수 있지."

흥미를 느끼고, 의미가 있는 일이라고 해서 그 길을 가는 것이 언제나 순탄한 것만은 아니다. 그 새와 함께 멋진 퍼포먼스를 하려고 하면, 처음에는 그것이 나를 죽이려는 듯한 순간을 맞이하게 된다. 그걸 이겨낸 자만이 자신만의 새를 가질 수 있다. 비로소 나의 무대, 나의 목소리가 생기는 것이다.

58

만나고 알아야 한다

"**아**는 것이 적으면 사랑하는 것이 적다." 레오나르도 다빈치의 말처럼 아는 것이 많으면 사랑하는 것도 그만큼 늘어난다. 그런데 안다는 것은 단순한 지식을 말하는 것이 아니다. 경험치를 의미한다. 그래서 많이 사랑하려면 많이 알아야 하고, 많이 알려면 많이 만나야 하는 것이다.

언젠가 인터넷에 떠도는 '성격 테스트'에서 이런 질문을 보았다.

"당신은 늘 가던 식당에서 늘 먹던 음식을 주문하는 타입인가, 아니면 새로운 곳에서 새로운 메뉴를 주문하는 타입인가?"

전자는 새로운 것에 대한 두려움이 큰 나머지 익숙한 것을

194

즐기는 성격이고, 후자는 새로운 것에 도전하고 그것을 즐기는 성격이라고 한다.

사실 새로운 것은 낯설거나 어색하기도 하지만 실패에 대한 두려움을 주기도 한다. 그럼에도 불구하고 새로운 메뉴를 주문하고, 새로운 것에 도전하는 사람들이 있다. 그들은 실패가 하나의 경험에 불과하다는 사실을 알고 있다.

새로운 것을 접하기 위해서는 많이 만나야 한다. 좋은 책, 좋은 정경, 좋은 사람과의 만남이 우리를 변화시킨다. 좋은 책은 우리가 몰랐던 것을 알게 해주고, 알지만 깨닫지 못했던 것을 깨닫게 해준다. 또 좋은 정경은 우리의 마음을 정화시켜주고 평정심을 찾게 해준다. 그리고 좋은 사람은 우리에게 긍정의 에너지를 주고 좋은 기회를 제공한다. 이런 좋은 만남을 통해 우리는 기회를 찾기도 하고, 자신의 꿈을 이룰 '길'과 만나기도 하기 때문이다.

어린 시절 '미술 신동'으로 불렸던 피카소는 여덟 살에 이미 돈 걱정 안 하는 예술가가 되었지만, 당시 그의 그림은 시대가 요구하는 아카데미적인 그림에 국한되어 있었다. 이에 염증을 느낀 피카소는 스무 살이 되던 해에 파리의 뒷골목으로 찾아든다. 절친했던 친구의 자살과 더불어 가난한 파리의 생활은 그의 그림에도 큰 변화를 주었다. '청색 시대'라 불리는 이 시기의 그림은 외롭고 비참한 뒷골목 생활이 어둡고 차가운 청색으로 잘 나타나 있다. 하지만 이러한 가난과 외로움, 어둠과의 만남은 풍부한 아이디어와 창조력을 키우는 토양이 되어 피카소에게 새로운 작품 세계를 열어주었다.

몇 년 후 피카소는 그곳에서 아름다운 여인을 만나고, 그녀와 사랑하게 된다. 그녀와의 만남은 그의 그림에도 변화를 불러온다. '청색 시대'가 가난한 뒷골목의 삶을 연민으로 담아낸 것이었다면, 이때부터 그는 가난 속에서 피는 희망과 사랑을 보게 되고, 그것을 그림으로 옮기게 된다. 노랑과 분홍이 잘 어우러진 '장밋빛 시대'가 바로 이때 그려진 작품들을 칭하는 말이다.

새로운 세상과의 만남은 피카소에게 한 시대의 '대가'로 우뚝 설 수 있는 기회를 제공했다. 만약 그가 기존의 틀 내에서 사람들의 입맛에 맞는 그림만 그렸다면 지금 우리는 아무도 그의 이름을 알지 못했을 것이다.

만남은 앎을 선물하고, 앎은 세상을 향한 열린 마음을 선물한다. 그리고 이러한 연결은 또 다른 좋은 진동으로 다른 이에게 연결된다.

59

몸과 마음의 통로를 만들어라

가끔은 몸의 소리에 귀를 기울이는 것이 필요하다. 특히 우리의 마음이 번잡할 때는 더욱 그렇다. 내가 아는 한 사람은 마음이 우울하거나 복잡할 때마다 그릇을 꺼내어 삶는다. 어린 시절, 집안에 아픈 사람이 있을라치면 그녀의 어머니가 그랬단다. 혹시나 돌림병이라도 나서 큰일을 치를까 걱정이 되어서 그랬단다. 그런데 돌림병 걱정이 없어진 요즘도 그녀는 그녀의 어머니처럼 그릇을 꺼내어 삶는다. 복잡하고 우울한 마음을 달래보려 몸이 저절로 해결책을 찾는 것이다.

나는 마음이 복잡할 때면 쓰레기 분리배출을 한다. 속 모르는 아내는 나의 부지런함을 칭찬하며 좋아라 한다. 아내의 마음이야 어쨌건 나는 내 마음의 평온을 위해 몸을 움직인다. 그

197

런데 분리배출을 하다 보면 의외로 문제의 해결점이 찾아지기도 한다. 몸에 힘이 들어가는 만큼 마음의 힘이 빠지니 크고 작은 걱정과 욕심까지도 내려놓기가 훨씬 수월해진다. 물론 문제의 해결점을 찾지 못할 때도 있다. 하지만 깨끗이 삶아진 그릇을 보거나 깔끔하게 정리된 재활용품들을 보면 기분이 한결 나아지는 것만은 사실이다.

사춘기에 접어든 아이들이 하루에도 몇 번씩 기뻤다 슬펐다 짜증났다 하며 갈피를 잡지 못할 때는 운동하기를 권한다. 땀이 흠뻑 날 정도로 몸을 움직이다 보면 마음은 가벼워져 있다.

우리의 몸과 마음은 멀리 있지 않아서, 부정적인 생각이나 이런저런 걱정으로 심란할 때 몸은 긴장할 수밖에 없다. 몸이 긴장하면서 혈액순환이 원활하지 못해 몸이 경직되고, 이런 상태가 지속되면 에너지 흐름이 막혀 체력이 약해진다. 때문에 의식적으로라도 몸을 움직여 에너지 흐름을 원활하게 만들면 몸 또한 건강해진다. 이처럼 몸과 마음의 유쾌한 소통은 번잡하던 마음을 정리하고, 건강도 지킬 수 있는 일거양득의 효과를 거둘 수 있다.

60

나를 무너뜨려라

세계에서 제일 큰 궁궐인 중국 자금성은 황제의 침실에 들어가기 위해 99개의 문을 지나야 한다고 한다. 너무 귀한 사람이 지내는 곳이기에 문도 그만큼 많은 것이다. 그런데 우리 마음에도 소중한 자신을 지키기 위한 저마다의 문이 있다. 하지만 우리가 서로 통하기 위해서는 반드시 그 문을 열어야 한다.

강의를 하면서 사람들을 만나다 보면 유독 마음의 문을 열지 않는 사람들이 있다. 그 대표적인 경우가 청소년들이다. 그들은 "도대체 무슨 말을 하려고? 어디 해볼 테면 해봐! 내가 넘어가나."라는 표정으로 바라본다. 이는 질풍노도의 시기라는 청소년기 특유의 반항심만은 아닐 것이다. 그들을 향한 수

많은 잔소리들과 건조한 데이터성 언어들이 마음의 문을 더욱 더 걸어 잠그게 만들었는지도 모른다.

이렇게 마음의 문을 꼭꼭 걸어 잠근 사람과 소통하는 방법은 따로 있다. 먼저 내 마음 가장 깊숙이 있는 문을 활짝 여는 것이다. 그리고 그 속에서 나의 상처, 열등감 등 부족하고 모자란 부분을 드러내는 것이다. 나를 지키던 그 문이 바로 사람들과 만나고 세상과 만나는 소통의 문이 된다.

몇 년 전 한 회사 간부들 앞에서 강의를 한 적이 있다. 길게는 수십 년, 짧게는 십수 년을, 그것도 밑바닥부터 차근차근 밟아온 사람들이라 그런지 그들의 눈에선 청소년 못지않은 도도함이 넘쳐흘렀다.

"그래, 어디 무슨 말을 하는지 들어나 볼까?"

"뭐야, 딱 보니 미용실 원장이나 할 사람인데?"

그들은 온몸으로 나를 거부하는 듯했다. 아이들이야 철이 없어 그렇다지만, 어른이, 그것도 수십 년 사람을 상대하며 살아온 이들이 그런 도도한 눈빛으로 나를 바라보고 있으니 자연 마음이 상할 수밖에 없었다. 하지만 마음이 상한다고 강의를 그만두고 내려올 수도 없었다. 내가 입을 닫는 순간 그들은 기다렸다는 듯 마음의 문을 더욱 굳게 걸어 잠글 테니 말이다.

결국, 나는 무너지기로 했다. 그들 앞에서 완전히 나를 내려놓고 99개의 문을 모두 열기로 했다. 그들을 벗기기보다는 내가 벗고, 그들의 자존심을 무너뜨리기보다는 내 자존심을 먼저 무너뜨리며, 광대가 되어 그들에게 나만의 퍼포먼스를 펼쳤다.

10분이 지나고, 20분이 지나자 그들의 눈빛이 달라지기 시작했다. 하늘을 찌를 듯한 그 도도함을 걷고 그들의 눈과 입이 나를 보며 웃고 있었다. 강의가 끝날 즈음 그들은 커다란 박수로 나에게 공감을 보내왔다. 나는 고개를 깊이 숙이며 그들에게 화답했다. 비로소 우리는 서로 통한 것이다.

61

가장 귀한 것을 써라

내 고향집에는 이불이 세 가지 등급으로 분류된다. 며느리가 시집올 때 해온 비단 금침은 어머니조차도 꺼내기 힘든 장롱 제일 아래에 고이 모셔져 있고, 그 위에는 딱 보기에도 좋은 비단 이불이 버티고 있다. 그리고 맨 위에는 어머니와 아버지가 평소에 덮고 주무시는 허름한 막이불이 슬쩍 올려져 있다.

  멀리서 아들딸들이 왔을 때, 어머니는 너무도 당연한 듯 막이불이 아닌, 좋은 비단 이불들을 내어준다. 하지만 며느리가 해온 비단 금침은 무슨 일이 있어도 절대 안 내놓는다. 고향집에 물난리가 났을 때도 제일 먼저 비단 금침이 냉장고 위에 올려졌다. 어머니에게 이 비단 이불은 이불이 아닌, 귀한 보물인 것이다. 덕분에 나와 아내는 어머니가 보물 속에 고이 넣어두 었던 독한 좀약 냄새를 맡으며 밤새 두통에 시달려야 한다.

　우리에게도 자신만의 비단 금침, 아니 어쩌면 보기에도 탐 스런 다이아몬드가 있을지도 모른다. 하지만 너무 귀한 나머 지 좀약만 가득 넣어둔 채 장롱 아주 깊숙이 감추어져 있다면 그것은 더 이상 비단 금침도 다이아몬드도 아닌, 그저 두통거 리에 불과하다.

　얼마 전에 강의차 아내와 함께 필리핀에 갈 일이 있었다. 아 내는 결혼할 때 받은 다이아몬드 반지를 쌀독에 넣어두고 왔 다면서, 혹시 도둑이 들어도 설마 거기까진 찾아내지 못할 거 라며 좋아했다. 그런데 나라고 별다르진 않았다. 나 역시 결혼 할 때 장모님이 해주신 정말 좋은 스위스 시계는 장롱 깊숙이 숨겨두고서 그것과 똑같은 중국산 짝통 시계를 차고 다녔으니 말이다.

　그것이 이불이고 시계였으니 망정이지, 우리의 삶이었다면 어쩔 뻔했을까. 진짜 삶의 소중한 것들은 저쪽 어디에다 숨겨 두고, 짝통 시계를 차고, 막이불을 덮으며, 끼지도 못할 다이 아몬드 반지를 쌀독 속에 숨겨둔 채 좋아라 하며 살고 있다면

이 얼마나 허망한가.

우리는 언젠가부터 정작 자기 삶의 소중한 것들을 사용하지 않고, 꼭꼭 넣어두고 머릿속으로만 그리며 안심하곤 한다. 장롱 안의 비단 이불로, 쌀독 안의 다이아몬드로, 통장의 잔액으로, 마음속의 사랑으로.

내려가야 할 것이 걱정되어 산행의 기쁨을 누리지 못하고, 죽을 것이 염려되어 죽을 듯 사랑하지 못하고 죽을 듯 살지 못한다면 그것은 산 삶일까, 죽은 삶일까.

62

내 마음의 감옥을 무너뜨려라

나는 강의할 때, 강의 원고를 안 갖고 다닌다. 그런데 더 나쁜 것은 강의안도 잘 쓰지 않는다는 것이다. 원고를 쓰면 어쩐지 강의가 잘 되지 않는다. 미리 작성한 원고대로 강의를 하면 자연스러움이 사라지지 않을까 염려하는 마음이 크기 때문이다.

글 쓰는 것을 싫어하는 것도 아닌데, 이상하게도 강의안을 쓰는 것은 미루게 되고 이제는 습관이 되어버렸다. 안 좋은 것들에 익숙해지면 좋은 것들을 밀어내게 된다. 물론 지금은 마음이 바뀌었다. 모든 강의안을 남겨놓으려고 노력한다. 이런 노력이 곧 좋은 습관이 될 것임을 나는 믿는다.

나쁜 습관이든 나태함이든 열등감이든, 그것에 익숙해지면 벗어나는 일이 쉽지 않다. 내 마음에 감옥이 생기고 그곳에 갇히게 되는 것이다. 영화 〈쇼생크 탈출〉을 보면, 40년이라는 긴 세월을 감옥에서 보낸 죄수 레드가 나온다. 그는 그곳 생활에 길들여진 나머지 수감 생활의 작은 낭만들을 좋아하기도 하고, 심지어는 교도소에 있기를 원하기까지 한다. 화장실을 갈 때에도 간수의 허락을 받고 가야 했던 40년 습관이 그대로 남아 교도소 밖에서도 허락을 받고 화장실에 가려 한다. 몸은 감옥을 벗어났지만 마음은 여전히 감옥인 채로 살아가는 것이다. 좋지 않은 것이라도 일단 길들여지면, 그것이 자연스럽다고 여기게 되어 벗어나기가 힘들기 때문이다.

반면, 억울하게 장기수가 된 주인공 앤디는 감옥을 탈출하기 위해 조그만 정을 이용해 매일 조금씩 벽을 파내려간다. 포기하지 않고 20년 동안 계속 구멍을 판 결과, 마침내 탈출에 성공하여 자유의 몸이 된다.

우리 마음에도 우리를 가두는 감옥이 있다. 그것이 작고 사소한 나쁜 습관일 수도 있고, 실연에 대한 상처일 수도, 열등감일 수도 있다. 뭐가 되었든, 살아가면서 우리는 다양한 형태의 감옥을 경험한다. 하지만 어떤 사람은 앤디처럼 그것들을 매일 조금씩 파내어, 마침내 그것에서 자유로워진다. 하지만 또 다른 사람은 레드처럼 감금된 상태에 익숙해져 가거나 그냥 그것에 절망하고 만다.

절망은 아무나 하는 게 아니다. 최선을 다한 사람만이 절망도 할 수 있다. 내 마음에 나를 가두는 감옥이 있거든, 영화 속 앤디처럼 그것을 뚫기 위해 최선을 다해야 한다. 길들여지지 말고, 삶의 벽을 조금씩 파보는 것이다. 그럼 멀지 않은 날에 자유로운 햇빛을 마주할 수 있다.

63

잠시 눈을 감아라

스물넷이라는 늦은 나이에 대학 입시를 준비하면서도 나는 늘 당당했다. 늦은 나이, 가난한 집안 형편에도 불구하고 끝까지 포기하지 않는 내가 대견스럽기까지 했다. 그럼에도 가끔은 나를 주눅 들게 하고 서글퍼지게 하는 일이 있었다.

레슨비를 벌기 위해 음식 배달 아르바이트를 하던 때의 일이다. 돌솥비빔밥 세 개와 동태찌개 한 개를 철가방에 넣고 서대문구청으로 스쿠터를 몰았다. 그날따라 거리는 유난히도 많은 연인들로 북적댔다. 그러고 보니 그날은 크리스마스이브였다.

구청에 도착한 나는 경비원에게 당직실이 어딘지 물었다.

1층이라고 해서 갔더니 그곳엔 당직실이 없었다. 다시 경비원에게 가 물어보니 지하 1층이라고 했다. 그러고는 한마디를 덧붙였다.

"엘리베이터 타면 음식 냄새가 나니까, 계단으로 가!"

철가방을 들고 낑낑대며 계단을 내려간 나는 조심스레 음식을 내려놓은 후 다시 스쿠터를 타고 가게로 향했다.

구청에서 나올 때까지만 해도 나는 밝고 환하게 웃고 있었다. 하지만 돌아오는 길, 다시 거리의 연인들과 마주치니 갑자기 나 자신이 초라하게 느껴졌다. 그들이 나를 보지 못하게, 비웃지 못하게 얼른 가게에 들어가 숨어버리고 싶었다. 하지만 마음과는 다르게 시간은 더디 흐르고, 돌아가는 길은 멀기만 했다.

삼삼오오 어울려 행복한 비명을 내지르는 그들 앞에서, 음식 국물이 떨어지는 스쿠터를 몰고 지나가며 콧노래를 부를 수는 없는 일이 아닌가. 그것도 스물넷 새파란 청춘이 말이다.

살다 보면 갑작스레 어둠과 마주할 때가 있다. 면접의 정석으로 추앙받던 사람이 면접에서 낙방의 고배를 마실 수도 있고, 목숨보다 더 사랑했던 그녀가 어느 날 갑자기 이별을 통보

해올 수도 있다. 빛이 환했던 만큼 어둠은 더욱 짙게 느껴진다. 극장에 들어가면 어둠 때문에 아무것도 볼 수 없듯, 그렇게 눈앞이 깜깜해진다. 하지만 극장의 어둠에 당황해하거나 화를 내면 또 다른 화가 우리를 기다린다. 다른 사람의 발에 걸려 넘어지거나, 허둥대다 팝콘이나 콜라를 쏟을 수도 있으니 말이다.

그럴 때는 조용히 그 자리에 멈춰 서보자. 그리고 잠깐 동안 눈을 지그시 감는 것이다. 눈이 어둠에 익숙해져서 시야가 밝아지기를 기다리다 보면, 어느새 눈은 어둠에 익숙해져 사물을 식별하게 된다. 어둠은 그대로인데, 극장 안은 이전보다 훨씬 밝아 보인다. 그러고는 그 어둠의 끝에서 기다리던 '영화'가 보인다.

어둠의 끝에서 빛이 나온다. 꽃이 떨어진 자리에서 열매가 맺히고, 겨울이 지나 봄이 오는 것처럼, 바닥을 쳐야 올라간다. 어둠을 만나거든 불평하거나 원망하지 말고 잠시 눈을 감아보자. 그리고 우리 손에 곱게 끼워진 절대반지의 글귀를 떠올려보자.

"이 또한 지나가리니."

64

뒷모습이 아름다워야 한다

당신이 사는 동네에, 혹은 회사에 개선이 필요한 문제가 발생했을 때 당신은 어떻게 대처하는가? 당신이 적극적인 성격이라면 사람들을 불러 모아 문제에 대한 해결점을 논의할 것이다. 반면 당신이 소극적인 성격이라면 누군가 나서서 문제를 해결해주기를 기다리거나 그저 투덜대기만 할 것이다.

미국의 백화점 왕으로 불리는 존 워너메이커는 이럴 경우 스스로 실천하기를 먼저 권한다. 존은 어린 시절 필라델피아에 있는 한 벽돌 공장에서 일했다. 그런데 언젠가부터 존은 하루 일당의 일부를 떼어 벽돌 한 장씩을 사기 시작했다. 그가

211

사는 마을에는 조금만 비가 내려도 진창이 되어버리는 길이 있었는데, 사람들은 진흙이 옷에 묻는다고 불평만 할 뿐 길을 고칠 생각은 하지 않았다. 하지만 열세 살 존은 혼자 묵묵히 그 길에 벽돌을 깔기 시작했다. 하루에 한 장씩 벽돌을 깐다면 2년은 족히 걸릴 넓고 긴 길이었다.

그렇게 한 달이 지나가던 즈음, 길을 지나던 마을 사람이 벽돌을 깔고 있는 존을 발견했다. 그는 존이 매일 한 장씩 벽돌을 깔고 있었다는 사실에 놀라며, 그저 불평만 하고 있었던 자신을 반성했다. 어린 소년이 마을 길을 고치고 있다는 소문은 금세 마을로 퍼졌고, 마을 사람들은 길을 포장하는 데 힘을 모았다. 그리고 얼마 지나지 않아 골칫거리 진창길은 곱게 포장된 새 길로 바뀌었다.

변화를 외치고 개혁을 외치는 혁신가가 되기 전에 먼저 실천가가 되어야 한다. 우리가 사람들의 눈을 똑바로 쳐다보며 변화와 개혁을 외친다면 아마 그들은 우리를 향해 "당신은 뭐가 그렇게 잘났어!"라며 반발할지도 모른다. 하지만 묵묵히 실천하는 뒷모습을 먼저 보인다면 그들도 말없이 우리를 따를 것이다.

대다수가 힌두교나 이슬람교를 믿는 이교도의 땅에 최초로 하나님의 목소리를 전한 마더 테레사 역시 한 번도 그들에게 "하나님을 믿어라."라고 말하지 않았다. 그저 가난과 질병으로 고통받는 이들과 함께 아파하며 같이 살았을 뿐이다. 그리고 누군가 그녀에게 와서 "당신은 누구를 믿나요?"라고 물으면 "저는 예수 그리스도를 믿습니다."라며 조용히 대답했을 뿐이다.

문제를 해결하고 사람들을 변화시키기 위해 필요한 것은 완벽한 논리나 강력한 카리스마가 아니다. 그들을 위해 흘리는 땀방울이면 족하다. 사람들은 내가 좋으면 내가 믿는 것을 믿고 싶어 하고, 내가 행하는 것이 옳으면 그것을 따라 하게 된다. 그래서 그들은 언제나 우리의 뒷모습에 주목하며 우리가 좋은 사람인지, 옳은 것을 행하는지를 살핀다.

65

내주어라

방송을 하다 보면 마냥 상대를 칭찬할 수만은 없다. 너무 칭찬만 하다 보면 재미가 없다. 방송의 재미를 위해 간혹 상대를 위트 있게 망가뜨려야 할 때가 있다. 이때 상대가 자신을 완전히 내어주면 시청자들은 유쾌한 웃음을 터뜨리지만, 상대가 자신의 품위를 지키기 위해 떨떠름한 반응을 보이면 분위기는 오히려 더 어색하고 썰렁해진다.

운전 중 라디오를 듣다 보면 이러한 '망가뜨리기'와 '내어주기'를 잘하는 진행자들이 보인다. 이들의 파트너십은 대부분 오랜 기간 유지되며, 이들이 진행하는 프로그램 역시 장기간 인기를 얻는 장수 프로그램인 경우가 많다.

나의 오랜 파트너인 방송인 오종철 씨 역시 내가 이러한 '망가뜨리기'를 시도하면 자신을 완전히 내어준다. 나를 위해 자신을 내려놓고 기꺼이 열어주는 것이다. 덕분에 우리가 진행하는 강의쇼는 환상적인 궁합이라는 좋은 평가를 받곤 한다.

망가진다는 것은 우스꽝스러워지거나 못나지는 것이 아니다. 고상함에서 자유로워지는 것이다. 즉, 나의 배경에서 자유로워지고, 내가 이룬 성과에서 자유로워지면서 나의 고상함을 내려놓는 것이다. 다 내려놓고 상대에게 나를 내어준다고 해서 나는 결코 작아지거나 사라지는 것이 아니다. 오히려 그 아름다운 배려로 인해 더 커지고 빛난다.

66

최후의 보루를 무너뜨려라

사람은 누구나 자신의 자존심을 지키는 최후의 보루를
가지고 있다. 그것은 자신의 올곧고 성실한 성품일 수
도 있고, 돈이나 학력과 같은 배경, 혹은 자식이나 남편과 같
은 가족일 수도 있다.

"나는 공부는 못하지만 착한 사람이야."

"나는 예쁘지는 않아도 바르게 살고 있어."

"나는 비록 못났지만 내 자식은 저렇게 똑똑하고 잘났잖아."

하지만 살다 보면 그것이 꺾이는 순간이 오기도 한다. 내 마
지막 보루인 그것이 아무것도 아닌 게 되는 순간, 우리는 심한
자학을 하고, 심지어는 삶에 대한 회의를 품기도 한다.

아산시립합창단을 그만둔 후, 나는 내면의 울림과 일치하는

진실한 목소리를 전하기 위해 일대일 레슨이나 소그룹 수업을 진행했다. 당시는 목소리의 변화를 훈련한다는 것이 익숙하지 않았던 때라 수입이라고는 그야말로 쥐꼬리보다 조금 더 많은 정도였다. 하지만 '내가 전하는 가치는 옳고, 나는 그 옳은 것을 행하고 있다'는 자부심이 나를 단단하게 지켜주었다.

그런데 2년간이나 소그룹 수업을 하며 좋은 관계를 유지하던 사람과 조그마한 문제가 생겼다. 돌이켜보건대, 당시 나는 내 인기가 높아지고 나를 찾는 사람들이 늘면서 그 영광을 나 자신에게로 돌리려 했던 것 같다. 내려놓음과 숨 고르기를 전하며, 정작 나는 내 영광과 잘난 맛을 내려놓지 못했던 것이다.

그 사람은 나에게 "당신 그거 실수한 것입니다."라고 말했지만 나는 그것이 실수가 아니라고 변명했다. 나는 내가 그들에게 얼마나 열성적이었던가를 떠올리며, 나 자신을 변명하고 위로했다. 하지만 나의 마음은 여전히 편하지 않았다. 그렇게 2주간의 시간이 흐른 후, 나는 결국 자존심을 굽히고 그에게 사과를 했다.

"정말 미안합니다. 그건 나의 실수였습니다."

하지만 돌아온 그의 대답은 너무나 냉정했다.

"아니, 그건 당신의 본질입니다. 당신이 그렇게 사는 것, 영광을 먹으려 하는 것은 당신의 본질입니다."

나는 죽고 싶을 만큼 괴로웠다. 내 마음을 몰라주는 그가 야속하기도 했지만, 그의 말대로 영광을 먹는 것에 심취했던 나 자신을 용서할 수가 없었다.

"그러면 제가 강의 그만두고 고향으로 내려갈까요?"

"당신은 그렇게 하지 못할 것입니다."

정말 그랬다. 나는 그의 말대로 강의를 포기하고 고향으로 내려가지도 못했다. 그렇게 내 삶의 철학과 믿음이 흔들리고, 내 마지막 남은 자존심을 다치고 나니 나는 죽고 싶다는 생각만 간절했다. 하지만 나는 죽지도 못했다.

그렇게 6개월 동안을 나 자신에 대해 자학하고 회의하며 보냈다. 그런 고민의 끝에서 나는 "그래, 나 안 좋은 녀석이다!"라는 사실을 나 자신에게 고백하고 받아들이기로 했다. 옹골찬 자존심으로 똘똘 뭉쳐 있던 나는 스스로 자존심을 버리고, 최후의 보루마저 무너뜨렸다. 힘들었지만 마음만은 그 어느 때보다 자유로워졌다. 마치 파산 신청을 하고 난 후 얻은 자유로움 같았다.

바람에 흔들리지 않고 피는 꽃은 없다. 바람에 이리저리 흔들리다, 꽃은 때가 되면 진다. 그리고 이렇게 꽃이 져야 비로소 열매가 맺힌다. 그 열매 안에는 씨앗이 있고, 그 씨앗은 새로운 생명을 피워낸다.

우리의 삶도 꽃에서 열매로 바뀌어야 하는 터닝포인트가 있다. 그때가 오면 우리는 화려하고 고운 꽃잎이 지는 것을 자연스레 받아들여야 한다. 꽃잎은 우리의 자존심이기도 하고 최후의 보루이기도 하지만, 그것이 진 자리에서 우리는 새로운 생명의 시작을 열어갈 것이기 때문이다.

67

삶의 스타가 되라

고 김수환 추기경이 선종하기 전, 어떤 이에게서 이런 질
문을 받았다고 한다.

"추기경님, 모든 사람은 죽는데 사람의 죽음이라는 것은 무
엇입니까? 그리고 어떻게 해야 잘 죽는 것입니까?"

"죽어서 하늘의 별이 되는 것입니다. 그래서 사람들이 어떻
게 살아야 할지 잘 모를 때, 사람들 삶의 방향이 되어주는 것
입니다. 부모는 자식의 스타입니다. 그리고 선조들은 후세대
의 스타가 되어야 합니다. 스타가 되라는 것은 인기 있는 연예
인이 되라는 말이 아닙니다."

현문현답이다. 선조들의 삶의 발자취, 그 뒷모습이 후세대

에게 방향을 제시해주는 별이다. 그리고 이것은 죽은 자와 살아 있는 자의 소통이다. 이미 죽었으나 죽은 게 아닌 것이다.

인디언의 속담에 "사람은 기억에서 사라질 때 비로소 죽는 것이다."라는 말이 있다. 이미 죽었지만 그 삶을 보고 내 삶의 방향을 알게 된다면 그들은 죽은 것이 아니다. 살아 있으나 오히려 그 삶을 보고 내 삶이 혼돈케 된다면 이 또한 살아 있는 것이 아닐 것이다.

내 삶이 후세대의 별이 된다면, 이것은 삶과 죽음의 경계를 넘는 소통이 될 것이다.

욕심을 버려라

소통은 숨이다. 호흡이다. 에너지 운용 방식이다.
욕심이 있으면 호흡은 올라간다.
그래서 본인이 가진 에너지 상태대로 쓰지 못하고
머리가 원하는 상태로 올라가 숨이 달린다.

숨이 내려가야 한다.
길을 알 때 숨은 내려간다.
길을 알면 어둠 속에서도 길을 걸을 수 있다.

호흡이란 진리를 아는 것이다.

진리란 사실을 인정하는 힘이다.

그 자유로움 속에서 소통하길 간절히 바란다.

감히 이 말씀을 여러분께 드린다.

참·고·문·헌

《거울 너머의 세계》, 헨리 나우웬, 두란노, 1998

《고통의 문제》, C. S. 루이스, 홍성사, 2005

《마음에는 평화 얼굴에는 미소》, 틱낫한, 김영사, 2002

《무소유》, 법정, 범우사, 1999

《물은 답을 알고 있다》, 에모토 마사루, 더난출판사 , 2008

《산에는 꽃이 피네》, 법정, 문학의숲, 2009

《서양이 동양에게 삶을 묻다》, 웨인 다이어, 나무생각, 2010

《성경》

《성경이 만든 사람 : 백화점 왕 워너메이커》, 전광, 생명의말씀사, 2005

《소통과 공존의 철학》, 최성식, 전남대학교출판부, 2009

《스크루테이프의 편지》, C. S. 루이스, 홍성사, 2005

《인생 수업》, 엘리자베스 퀴블러 로스 · 데이비드 케슬러, 이레, 2006

《자기를 속이지 말라 : 암자에서 만난 성철 스님 이야기》, 정찬주, 열림원,
    2005

《집으로 돌아가는 길》, 헨리 나우웬, 포이에마, 2010

《탕자의 귀향》, 헨리 나우웬, 포이에마, 2009

《화anger : 화가 풀리면 인생도 풀린다》, 틱낫한, 명진출판, 2002